言葉の常備薬

呉智英

Kure Tomofusa

言葉の診察室③

増補新版

JN066758

ベスト新書
614

◉本書の元版は、二〇〇四年に双葉社から刊行され、二〇〇七年に双葉文庫に収録された。初出は、「ナンクロプレゼント」二〇〇〇年五月号～十二月号、「漢字クロス」二〇〇一年一・二月号、「小説推理」二〇〇一年四月号～二〇〇四年八月号。いずれも加筆修正がしてある。

【はじめに】言葉のトンデモ論

「と学会」という学会がある。学会といっても冗談学会である。ＳＦ作家や科学ライターたちが集って、終末の予言や永久動力の発明や超古代史などの珍説奇説を嘲笑《ちょうしょう》し合うのだ。

と学会の「と」は「トンデモない」の「と」である。学会のあげつらう本は「トンデモ本」と略称され、嘲笑の的《まと》となる珍説奇説は「トンデモ説」と略称される。この言葉は、学会員以外にもかなり広がり、ジャーナリスティックな俗語として定着してきた。

しかし、この言葉に怒る人がいる。日本語が乱れている、トンデモ本では正しい日本語ではない、と、新聞に投書したりする。困った〝識者〟である。俗語を咎《とが》めてもしかたがないと思わないのだろうか。

ところで、と学会で扱うトンデモ説はほとんどが自然科学（正確には、エセ自然科学）系のものである。

しかし、社会・人文系にも歴然たるトンデモ説はある。本屋でごく普通に入手できる程度の本を読めば、容易にそれがおかしいとわかるような珍説奇説を述べ、しかも、そこから奇怪な文明論を得々と展開したものだ。

産経新聞の校閲部長に塩原経央という人がいる（現在は退職し、國語問題協議會評議員など）。産経新聞は、発行部数では朝日、読売に後れを取っているとはいえ、全国紙の一つである。日本の文化、日本の歴史を重視せよと、ことあるごとに紙面で呼びかけている。先ほどの、トンデモ本とは何事だという投書も、産経新聞の投書欄で見かけた。ところが、その産経新聞の、しかも校閲部長が、日本語についての奇妙なコラムを同紙に断続的に連載している。

これが奇妙だと気づいたのは二〇〇〇年一月のことで、口語詩を批判し文語詩を推称した当の文章で文語の使い方がまちがっている。しかも、筆者は校閲部長。私はあきれて、ある雑誌に批判の一文を草した。これは拙著『犬儒派だもの』（双葉社、二〇〇三年）に既に収録してあるので繰り返さない。

私は繰り返さないのだけれど、塩原経央は珍論コラムでトンデモ説を相変わらず繰り返している。

二〇〇三年二月十一日付（以下、日付は大阪本社版による）では、平仮名ばかりの文章は読みにくいとして、漢字の重要性を説いている。それぐらいのことは高校生でもわかる。奇妙なのは、その平仮名論である。

塩原経央は、コラムの前半でこう書く。

「ヒラは〝平《たい》らな〟という意であるが、平仮名は〝平らかな仮名〟の意では無論ない」

そりゃそうだろう、としか言いようがない。ところが、後半にはこうある。

「平仮名のヒラは平《たい》らな広がりに目立つような凹凸がない仮名の意で、つまり〝平凡な、普通の、並の〟という意味なのである」

驚いた平仮名論である。平仮名とは「平《たい》らな広がりに目立つような凹凸がない仮名」のことだというのだ。だいたい、前半の「平仮名は〝平《たい》らかな仮名〟の意では無論ない」というのにつながっていないではないか。

平仮名とは、漢字に比して「平易な」文字という意味である。「平たく」言えば簡単な文字である、という時の「平」である。凹凸がない仮名で平仮名だなんて、永久磁石を使えば永久動力が可能だと言っているようなものだ。

まあ、これは単なる説明下手、説明不十分ということにしておこう。私にだって同じような過ちはあるかもしれない。しかし、塩原経央は、無知を出発点におかしな日本文明論をしばしば説く。先にも言った、文語の重要性を誤用の文語で説くたぐいである。二〇〇二年九月二十三日付では、「試合」と「幸せ」の二語について〝卓見〟を述べている。

塩原経央は言う。「試合」と「幸せ」は、このように表記すると見えにくいが、本来の意味の上から「し合い」「し合わせ」と表記すると、両者が対《つい》になった対比語であることがわかる。「わが国では、他人と『し合う』ことで幸福を手にいれようというような文化的土壌は持たなかった」。それとは反対に「なすことを互いに合わせること、すなわち『し合わせる』ことこそが幸福であると考える民なのであった」

塩原経央は、こう説き起こし、過激なジェンダーフリー論に見られる「試合＝し合い」中心の戦闘的幸福観を批判し、夫婦・家族が「し合わせる」日本の伝統的幸福観の重要性を結論とする。

唖然《あぜん》とするトンデモ説だ。ジェンダーフリー論批判はけっこうだが、これでは逆にジェンダーフリー論者を利することにしかならない。

「試合＝し合い」と「し合わせ」が同系の言葉であることは、その通りである。しかし、仮にも全国紙の校閲部長が「幸せ」を何のためらいもなく「し合わせ」と読むか。確かに、二十世紀末から、「幸」の許容訓として「しあわせ」も認められるようになってきている。私の手元にある『広辞苑』（第二版、一九六九年）や『岩波国語辞典』（第二版、一九七一年）や『新明解国語辞典』（革装第二版、一九七五年）では、どれも、文脈によっては例外的に「幸せ」も許容するとしている。しかし、見出しは「仕合（せ）」である。「幸」は本来「さいわい」と読んだのだ。

漢和辞典でも、『新字鑑』（改訂増補版、一九五七年）は、「幸」の訓に「しあわせ」を入れていない。白川静の独創的な『字通』は、一九九六年刊行であるにもかかわらず、頑として「しあわせ」などという訓を認めていない。佐藤喜代治の『字義字訓辞典』（一九八五年）は注記して、「『幸』を『しあわせ』と読むのは古く例を見ない」としている。「しあわせ」に一番近い語は「めぐりあわせ」である。運命が「めぐりあわせ」るように、自分がそのように「しあわせ」るのである。従って、「めぐりあわせ」に良し悪しがあるのと同じく、「しあわせ」にも良し悪しがある。一九七〇年代までの小説に「しあわせの良いことに家庭にめぐまれました」だの「彼女はしあわせの悪い女であった」だの、いくらでも出てくる。これを「幸せの悪い女」と書いたらおかしいのは言うまでもない。漢字では「仕合わせ」と書くのが普通なのも当然なのである。

三十年ほど前に始まった許容訓をもとに日本の伝統的幸福観を論じるとは恐れ入る。塩原経央の称讃する日本の伝統って、三十年の歴史しかなかったのだろうか。

二〇〇三年十一月六日付では、「アウトソーシング」や「アセスメント」といった外来語を「外部委託」や「影響評価」というふうに日本語に訳すことの重要性を説いている。それはその通りだ。アウトソーシングなんて、原緻《げんてい》がわからなきゃ、外刃ののこぎりが歌を歌うのか（out saw sing）と思ってしまう。

しかし、翻訳された外来語だって、その漢字の意味をわからずに使っていれば、どっちみち同じである。

二〇〇三年十月二十八日付では、個人尊重の思想が電車の中などの「公」を無視する風潮を生んだとして、塩原経央はこう書く。

「自己と携帯電話だけの時空に没入し、車内という『公』を捨象する」

車内という公的空間をabstractする、という文意が、私には理解できない。公的空間が抽象化されると、何かまずいのだろうか。そもそも、概して、個人空間は具体的であり、公的空間は抽象的なのではないだろうか。「我が家」と「国家」を較べてみればわかるはずだ。

塩原経央は、「捨象」が「抽象」と同じabstractの翻訳語だということを知らない。concreteが「具象」とも「具体」とも訳されるように、abstractは「捨象」とも「抽象」とも訳されるのである。塩原は「捨象」を「捨てる」の高級表現だと思っているのだろう。それなら「象」は何だ。elephantか。象のように大きな「公」を捨てるのが「捨象」なのだろうか。

捨てると言いたいのなら平易に「捨てる」と言えばいいのだ。自分でも意味のわかっていない「捨象」といったムツカシイ言葉を得意気に使って個人尊重の思想をたしなめる臆面のなさ。それこそ「自己に没入し」公を忘れ去った奢《おご》りの思想だろう。

何よりも私が不思議に思うのは、塩原経央はなぜ本来の校閲の仕事をしないのか、ということである。校閲部長なのに、なぜ辞書を引く手間ぐらい惜しむのか、ということである。トンデモ文明論で日本の惨状を嘆く前に、産経新聞の日本語を（それもまず自分が書いた記事の日本語を）正したら、どうか。

産経新聞の一面には同紙の顔とも言うべきコラム「産経抄」が連載されている。この「産経抄」には、おかしな記述、おかしな日本語がしばしば出てくる。校閲部ではチェックしていないのだろうか。

二〇〇三年十一月十四日付の「産経抄」は、鯉ヘルペスの話を枕にふって、鯉談義である。

「聖人・孔子の子の名前が鯉《り》なのも、そこ〔支那人の鯉好き〕からきたのだろう。成人して伯魚《はくぎょ》と名のったからよほど魚が好きだったのか」

めちゃくちゃである。孔子の長男は本名が鯉《り》。これは確かに鯉が縁起がいいからだ。しかし、本名は目上の人しか呼んではいけない。同格の他人は字名《あざな》で呼ぶ。字名は多くは本名に関連させるから「鯉」にちなんで「魚《ぎょ》」、これに長男の意の「伯」がついて「伯魚」となる。成人を機に伯魚を名乗ったわけではないし、魚好きだったからというわけでもない。

二〇〇四年一月八日付の「産経抄」は、前年年末にあった曙とボブ・サップの仕合いの話。

「人気の大男と大男が取っ組み合いをする。死にものぐるいで竜虎相うつ。これが見らずにゃおりゃりょうか」

上一段活用の「見る」の未然形が「見ら・ず」だろうか。若者の間に広がるラ抜き言葉に顔をしかめる人も多いが、「産経抄」のラ入れ言葉だって顰蹙《ひんしゅく》ものだろう。一体どこの国の言葉か。「産経抄」以外には見らないぞ。続く「おりゃりょうか」にもおりょりょいた。塩原経央が部長を務める校閲部は仕事をしていないのだろうか。

ところが、文藝春秋のPR誌「本の話」二〇〇四年九月号に、評論家の屋山太郎が恐ろしいことを書いている。

「新聞記者志望の学生達を集めた『作文教室』に」「教本として持って行ったのが石井英夫さんの『産経抄』」だというのだ。

私もある大学で作文教室をやっているが、そこでは誤文悪文の例としていつも「産経抄」をコピーしては教材に使っている。日本語観の相違なのか、どうも恐しい教本を使う人がいるものである。

挙げ出せばきりがない。世は日本語ブームだとかいうのに、言論のプロがこの為体《ていたらく》なのだ。

私は言葉の専門家ではない。ただ、文筆家として、言論人として、少しでも明快な文章を書こうと心掛けてきただけだ。そのためには、言葉について、いくらかは考え、いくらかは本も読んだ。

それは、すべての職業人と同じことである。大工は、少しでもいい仕事をするために、植物学者ほどでなくとも、いくらかは樹木についての見識を深めるだろう。板前も、魚類学者ほどでなくとも、魚について詳しくあろうとするだろう。そして、そういう職人の知恵は、学者の研究より多くの人に親しまれやすく、生活の中に滲《し》み透ってゆくだろう。言葉についても、そうありたいと思っている。

仕事のあいまに、通勤通学の電車の中で、少しずつ読んでいただきたい。トンデモ学説にひっかからない程度には言葉の健康維持ができるはずである。

『言葉の常備薬　言葉の診察室③』目次

言葉の常備薬

言葉の診察室③

祭りの遠い記憶

岩波書店のＰＲ誌「図書」に面白い表現を見つけた。同誌一九九九年五月号に詩人で小説家の三木卓が『わが青春の詩人たち』という青年時代の回想記を連載している。そこにこんなことが書かれている。

「ぼくも貧乏で、隣家のバーのおかみさんが、男を連れて帰ってきて、やがてお祭りになるのが実況放送で聞こえてくる、そういうひどい長屋でくらしていた」

一九六〇年頃の若く貧しい詩人たちの暮らしぶりがよく伝わってくる。若き三木卓は私生活が隣近所につつぬけになるような長屋に住んでいたのだ。

この文中の「お祭り」とは何だろうか。

これは前後の文脈から男女の情交、つまりセックスのことだと推測できる。「お祭り」

は本来神を祭ること、またその饗宴を意味したが、やがて饗宴のにぎわいの意味が独立して使われるようになった。「お祭り騒ぎ」という言葉がそれをよく表している。安普請《やすぶしん》の長屋の隣室で繰りひろげられる痴態は、なるほど「お祭り」と表現してみると、どこかユーモラスで面白い。

しかし、セックスを「お祭り」と表現するのは、必ずしも三木卓の独創ではない。一九七〇年頃の私の学生時代、芸能界の人から聞いた記憶がある。池田弥三郎も『性の民俗誌』（講談社学術文庫）の中で「待合《まちあい》のおかみさんなどで、現にお
まつりという語を使っている人もいる」と書いている。

古いところでは、江戸小咄《こばなし》集の『鹿《か》の子餅《こもち》』（岩波文庫『安永期　小咄本集』）にこんな例がある。

「起きた時分、一朝《ひとあさ》もかかさずに朝まつりごと。誰いふとなし、ぱつとした評判。ちら〳〵覗く人も絶へぬやうになりける」

念のため、国語辞典をいくつか見てみたが、セックスを意味するという語釈を採っている辞書はなかった。しかし、『岩波古語辞典』に意外なことが書いてあった。この辞書の「祭り」の項にも、もちろん、セックスという語釈は出ていない。しかし、関連語として

「祭りを渡す」という意味が出ており、次のように二つの意味が書かれている。

「①祭礼の行列が練り歩く。②男女の交わりをする」。①がなぜ②に転義したのか、理由は記されていないが、セックスを祭りに譬《たと》えるのには宗教的な意味もあるようだ。江戸時代の民衆宗教を研究した浅野美和子『女教祖の誕生』（藤原書店）には、不二道《ふじどう》（富士山信仰の一種）では、「性行為は胤《たね》まきに譬えられ、聖なる『おまつりごと』と称えられ」たとある。

「お祭り」の話には続きがある。

先ほど、国語辞典で、「お祭り」の語釈に「セックス」を採用しているものはない、と言った。しかし、こんな語釈も書かれている。

「〔魚釣りで〕釣り糸が（他人の糸と）からみ合うこと」（『新明解国語辞典』）

理由を記す辞書もある。

「〔大騒ぎになることから〕釣り糸がほかの人の釣り糸とからまること」（『新辞林』）

常識的に見れば、そんな気がしないでもない。確かに、釣り糸がからまればお祭りのような大騒ぎになる。しかし、大騒ぎをなぜ他ならぬお祭りに譬えたのか、いささか説得力に欠けはしないか。

釣り糸が他の人の釣り糸とからみ合うことを、「おまつり」というのは、おそらく「お祭り」の転義ではなく「もつれる」の変化だろう。釣り糸と釣り糸がもつれるのだ。それが母音交替して「も↓ま」「れ↓り」となり、「祭り」との混同が起きて「お祭り」となったのだろう。

というのも、ズボンの裾上げなどの縫い方を「まつり縫い」というからである。布と布をからめるように縫うやり方だ。

さてそうなると、男女の情交を「お祭り」というのも本当は「祭り」ではなく「もつれ」の転用なのかとも思えてくる。肉体的にも「もつれ合って」いるし、殺人事件を報じる新聞記事に、原因は愛情の「もつれ」からなどとよく出ているではないか。

つられて濁った貼り紙

読者諸賢はどちらの御出身だろうか。と聞くのも、地方ごとの言葉のちがいを話題にしてみたいからだが、いわゆる方言のことではなく、「連濁」について考えてみたいのだ。

人名の「中島さん」を、どう読むか。そりゃ「なかじま」だろう、歌手の「中島みゆき」はそう読むじゃないか、と多くの方が思われるはずだ。確かに、中島みゆきの場合はそう読む。しかし、名古屋近辺では「中島さん」はほとんどが「なかしまさん」である。同じく人名の「関川さん」は、どう読むか。「せきかわさん」と読む人が多いだろうが、大阪には「せきがわさん」がかなりいる。

連濁というのは、二語がくっついて一語になる時、後の語の語頭が濁音化することだ。「はこ（箱）」が「ほんばこ（本箱）」となるのが連濁である。これに規則があるようでなく、ないようでそれなりにあるところが難物である。

東京の西落合の小さな衣料品店で、こんな貼り紙を見かけたことがあった。
・あまゴートあります
初老の店主が町内の人たちの日用の衣類を細々と売っているだけといった店で、貼り紙も短冊《たんざく》状の紙に墨汁かマジックインキで何の飾りもなく書いたものであった。それだけに格別意識することもなく出てきた言葉だから、事例として面白いのである。

私はこの貼り紙の意味が一瞬わからなかった。「あまゴート」とは何だろう。ゴートgoatは山羊《やぎ》のことだから、天の山羊ということで、何かキリスト教のミサにでも使う小道具のたぐいか、とも思った。しかし、神の子羊とは言うが、神の山羊とは言わない。山羊と羊とでは、似ているようでかなりちがう。そもそも、この衣料品店とキリスト教のミサとはあまり関係がなさそうである。

一分後に、私は貼り紙の意味がわかった。これは、雨天用に防水されたコートという意味なのである。つまり「雨・コート」が連濁して「雨ゴート」になったのだ。

意味はわかったけれど、次の疑問がまた頭に浮かんだ。私はなぜこの言葉の意味がすぐに読み取れなかったのだろう。また、店主はなぜそんな読み取りにくい言葉を書いたのだろう。

私が読み取れなかったのは、「雨ゴート」が連濁の規則に反しているからである。

大津由紀雄『探検！ことばの世界』（日本放送出版協会）は、マンガ風のイラストの入った中高生向けの読みやすい本でありながら、内容の水準を落としていない好著である。この中に連濁について研究史を踏まえた簡明な説明がある。それによると、連濁の起きない場合がいくつかあり、後の語が外来語の場合や後の語の中に濁音がある場合などは連濁にならない。「室内・テニス」は「室内デニス」とはならないし、「大和・ことば」は「大和ごとば」とはならない。

ちょうど「雨・コート」がそれである。「雨ゴート」とはならないのだ。だから私は一瞬意味が読み取れなかった。しかし、それなら、この衣料品店主は、なぜ「雨・コート」を連濁させたのだろう。

これは「雨ガッパ」に引きずられたものだろう。カッパはポルトガル語由来の外来語で、英語のケープ cape と同原である。着物の上に防寒や防水用として着る羽織の一種だ。外来語とはいっても、伝来して何百年も経ち、漢字を当てて「合羽」とするほど日本語の中に定着している。そのため連濁が生じて「雨ガッパ」となった。現在では、雨ガッパは実用的で廉価な、ビニール製のいささか野暮ったいものを指す。衣料品店主は、そんな雨ガッパとはちがう少しお洒落《しゃれ》なコート、ただし防水性も高い雨天用のコートという意味で「雨コート」と書きたかったのだけれど、雨ガッパの連濁に引きずられてこちらも連濁し、「雨ゴート」と書いてしまったわけだ。

貼り紙を見た後、私は近くの喫茶店に入った。マガジンラックにあった「ヤングマガジン」を手に取りページを繰《く》ると、きうちかずひろ『BE-BOP-HIGHSCHOOL』が目に入った。不良高校生の生態をユーモラスに描いて人気が高い。そこにこんなせりふがあった（二〇〇三年七月十四日号）。

「ついにあの二人　ヤッちゃったのよ……　初ゼックス」

「セックス」が日本語として熟したからか、「初節句」からの連想か。私は言葉の規則性と変化について思いをめぐらしながら、ホットゴーヒーを飲んだのであった。

【補論】

読者から、和装のコートの場合は「雨ゴート」と言うことがあるとの指摘を受けた。和装のコートはカッパと同じように日本語化が熟しているのだろう。

その言葉をどうして片仮名で書くの

最近どうも意味のない片仮名語の使用が多くなっているような気がする。といっても、欧米起源の外来語のことではない。欧米への劣等感が背景にある外来語の頻用は情けないが、科学用語などの専門用語の多くが輸入されたものである以上、やむをえない一面もあるにはある。しかし、ここで言う片仮名語は外来語ではない。片仮名語は、外来語のほかに、擬音語（擬声語とも言う）や擬態語にも使うし、ある言葉を強調する時や皮肉な調子を込めたい時にも使う。私がここで問題にしたいのは、そうした片仮名語でもない。

私の気になる第一は、「片仮名」を片仮名で「カタカナ」と書くことである。

例えば、二〇〇一年二月二日の朝日新聞の「天声人語」は、福澤諭吉の文章を引用し、こう注記している。

「原文のカタカナをひらがなにしてある」

よく考えると、これ、変でしょ。いや、私自身、何年か前までは無意識にそう書いていた。しかし、「片仮名」だからといって、この言葉自体を片仮名で書かなければいけないという理由はない。もし「カタカナ」が正しい表記だとするなら、他の場合にもその方式を適用しなければならない。「ローマ字」はローマ字で「romaji」と書かなければならないはずだし、「ハングル」もハングルで「한글」と書かなければならないだろうし、「点字」も点字で、おっと、点字の印刷は特殊だから、この本じゃ無理だった。

とにかく、「片仮名」を「カタカナ」と書くのは、視覚的印象に頼った無意味な用字だということだ。

もう一つは、「物」または「もの」を「モノ」と書くことである。

漢字と平仮名の使い分けは、文章の要《かなめ》になるような言葉を漢字にするのが原則だと考えればいい。日本語の表記は欧米語とちがって、一語一語を分かち書きにしない。そうしなくても読みにくくならない。それは漢字仮名交じり文であることによって、自然に文章に区切りがつき、読みやすくなるからだ。

原則はそれでいいのだけれど、実際には微妙なところがあり、漢字と平仮名の使い分けは、書く人ごとにちがっていたり、同じ人が書いても小説と論文とではちがうこともある。「物」と書く人もいるし、「もの」と書く人もいるし、どちらが誤りとは言えない。「物」は「物質」「物体」という意味にも使われるし、「そんなものは簡単だ」というように形式名詞としても使われる。それで、これを使い分ける人もいる。物質という意味の時は「物」、形式名詞の場合は「もの」という具合だ。私もだいたいそうしている。

しかし、これを「モノ」と片仮名書きするのにはどんな意味があるのだろうか。

経済学者岩井克人の『貨幣論』（ちくま学芸文庫）に、次のような文章がある。

●耐久性さえもっていれば、どのようなモノでも貨幣として使われてきたのである。

●なにがマルクスに「価値形態論」なるものを書かせることになったのだろうか？

「モノ」と書く時は「物質」の意味、「もの」と書く時は抽象的・形式的な「ものごと」の意味で使い分けていることはわかる。しかし、それなら、「物質」の意味の時は漢字で「物」とした方がよくはないだろうか。片仮名を使う必然性がよくわからない。

最近、新聞の書籍広告にこんなもの（これも形式的な「もの」）があった。

●私たちの身の回りのモノの成立ちが一目ですぐわかります。（『ゾクゾク「モノ」の歴史事典』ゆまに書房）

これは「物質」という意味とは少しちがう。空気は身の回りの物質だけれど、この事典には出ていないし、油絵も身の回りの物質だけれど、その成り立ちや歴史が詳述されているわけでもない。ここでは生活用具や雑貨という意味で、片仮名の「モノ」が使われている。

現在、新聞や雑誌で「モノ」と書く場合、ほとんどがこれである。岩井克人の『貨幣論』の用例でも、貝殻や金属片のことだから、身の回りの雑貨といった意味に近い。

では、生活用具や雑貨がなぜ「モノ」と書かれるようになったのか。私は、雑貨情報誌「モノ・マガジン」が広めたのだろうとにらんでいるが、さてどんなモノだろう。

空海や法然に姓はない

釈由美子というテレビタレントがかつて人気があった。雑誌のグラビアページでもひっぱりだこだった。容貌も現代風で可愛いし、性格もあっけらかんと明るいようだ。しかし、人気獲得に熾烈《しれつ》な芸能界で、その程度のことが決定的な売りものになるとは思えない。何といっても強い印象を与えるのは、「釈由美子」という名前である。平凡だが柔らかく優しい感じのする「由美子」という名の上に、極めて珍しい「釈」という姓を戴《いただ》いている。この名前は一度目にすると記憶に長く残る。私は、彼女の成功の大半は、この名前によるものだと思う。

「釈由美子」という名前は本名だという。この本名をそのまま芸名にしたプロデューサーは、なかなか慧眼《けいがん》の持ち主である。つい、親しみにくいとか、変わりすぎているとか思って、いかにも芸能人ぽい花鳥風月を織り込んだ名前を考案しがちである。それをあえてこの本名を芸名に使ったのは、読みが鋭かった。その名は視聴者の脳に深く刻み込まれ、一躍スターになった。

釈姓は珍しい。大都市の電話帳を見ても、一軒か二軒しか見当たらない。釈迢空《しゃくちょうくう》という歌人がいるが、これは筆名であって、本名は折口信夫《おりくちしのぶ》である。本名が「釈」である人は近似音の「佐久」などの系統でなければ、僧侶が先祖にいたのだろう。

ここでちょっと高校の日本史の授業を思い出していただこう。

六〇八年、遣隋使として小野妹子らとともに隋に渡った人物に僧旻《そうみん》がいる。この名前、たいていの教科書にもこう出ているし、試験の答案にもこう書かなければならない。しかし、僧というのは職業名である。名前の上に職業名をつけて表記しなければならないのなら、武田信玄だって「武士武田信玄」としなければならないだろうし、芥川龍之介だって「作家芥川龍之介」としなければならないだろう。僧旻に限って「僧旻」と書く理由はないはずだ。生徒たちのうちからこういう疑問が出てきたからでもないだろうが、最近では、ただ「旻」とする教科書も多くなった。それなら、以前のように「僧旻」と表記したら誤りなのだろうか。

結論を先に言えば、「旻」でも「僧旻」でもどちらでもいい。さらに「釈旻」でもいい。僧侶は出家して仏門に入ると僧号を名乗る。僧号とは僧侶としての名前だ。これは俗界から離れた証《あかし》であるから、俗人のように姓・名という形をとらない。空海はただの「空海」であって、俗姓佐伯《さえき》をつけて「佐伯空海」と呼ぶわけではない。法然はただの「法然」であって、俗姓漆間《うるま》をつけて「漆間法然」と呼ぶわけではない。出家しているのに家の名（姓）をつけてはおかしいからである。

もっとも、仏祖釈迦《しゃか》の一族に入ったとは考えられる。そこで、俗姓の代わりに「釈」をつけることが行なわれるようになった。先に出てきた歌人の釈迢空も、一種の戒名として釈姓にしたらしい。「僧」をつけるのにも同じ意味があり、職業名を明示したわけではない。それ故、「旻」も「僧旻」も「釈旻」も、どれでも正解なのである。

後には僧侶も家庭を持つようになり、現在ではほとんどの僧侶が俗姓と僧号を組み合わせるようになっている。釈由美子の先祖もこうした僧侶なのかもしれない。

ところで、日本には僧侶でないにもかかわらず俗姓がない一家がいる。天皇家すなわち皇族である。皇族は名前だけあって姓がない。高松宮だの秋篠宮だのという宮名はあるものの、これは姓ではない。皇太子（当時）の浩宮をはじめ、皇子全員の宮名は別々である。姓であれば一家全員が同じでなければならないが、姓でない証拠に宮名は一家バラバラなのだ。

世界の王族の中で姓がないのは日本の皇族だけである。ロシヤのツァーリ（皇帝）一族はロマノフ家であったし、フランスではカペー家から始まってブルボン家とその支流オルレアン家までが王族支配をした。現在も立憲君主制の王国であるイギリスでは、ハノーバー家王族である。ハノーバー家は今はウィンザー家と称するが、これは第一次世界大戦中に改められたものだ。敵国ドイツ由来の姓はまずいというわけである。王族でさえも政治情勢にふりまわされるところが興味深い。

【補論】

文芸評論家の小谷野敦氏から、ブルボンやハノーバーは姓ではなく領地名だとの指摘を受けた。日本で言う「松平・伊豆守《いずのかみ》・信明《のぶあきら》」のようなものらしい。

下が濁れば上が清む

少し前に「連濁」について書いた。二つの語がくっついて一語になる時、後の語の語頭が濁音化する現象のことだ。連濁には気になる例が多いらしく、二〇〇〇年五月から六月初めにかけて、朝日新聞（大阪本社版）夕刊の文化欄で、連濁がらみの小論争が起きた。

美味しいものを食べて思わず舌が鳴ることを「舌鼓を打つ」という。これは「した・つづみ」なのだけれど、しばしば「した・づつみ」と言ってしまう。これはまちがいなのか否か、といった論争である。編集部、読者、学者が参加して、紙面はにぎわった。

「したづつみ」は、確かに、「あみ（網）・たな（棚）」が「あみ・だな」になるような典型的な連濁とはちがっている。

連濁には規則と言えるほどの厳密な規則はないのだが、かなり顕著な傾向はある。その一つが、下の語の中に初めから濁音が含まれている場合は連濁は起きない、というものだ。「はな（花）・ふだ（札）」は「はな・ぶだ」とはならない。従って、「舌鼓」も連濁は起きず、「した・づづみ」にはならない。そもそも連濁が起きないのだから、これを「した・づつみ」とするのは、音の前後を言いまちがえたもので、「分福茶釜」を「ぶんぶく・ちゃまが」と言いまちがえているのに似ている。

しかし、そうはいうものの、「した・づつみ」には、連濁と同じ心理が働いているような気がする。「つ」と「づ」が前後ひっくり返ったのではなく、本来起きないはずの連濁が起きそうになり、そのために後の「づ」が清音化して「つ」になったのではないか。そこには、「つつみ（堤）」が連濁して「荒川・づつみ」になることとの連想もあるだろう。

要するに、「した・づつみ」は、連濁そのものではないのだけれど、連濁近縁の特殊な現象と考えたほうが自然なように思えるのだ。辞書にも「した・づつみ」を認めるものが多い。

二語が一語になる時、本来の言葉の意味を崩してまで、濁音が清音化することは、他にも時々ある。

世界的にも有名になった東京の電気街「秋葉原」は、「あきは・ばら」が定着し、ローマ字でもAkihabaraと書くようになった。しかし、これは秋葉信仰にちなむものだから、「あきば・はら」(あきばがはら)が正しく、東京土着の故老と呼べるような人は、今もきちんと「あきばはら」と言う。一九七〇年前後の私の学生時代には、若者たちはこれを短く「あきば」と言うことがあった。一種の俗語ではあるが、「あきはばら」と言うよりむしろ正しい。

「秋葉原」も、本来の連濁なら「あきば・ばら」となるところを、濁音が重なるのを嫌って上の語の語尾が清音化してしまったわけだ。

同じく東京の地名だが、練馬区の西武池袋線江古田駅は「えこだ」と表記している。ローマ字もEkodaである。しかし、これも本来は「えごた」のはずだ。この近辺にはエゴの木が多かったので、それにちなんで地名にしたからである。やはり上の語の語尾が清音化してしまったのだ。

面白いことに、江古田駅周辺の行政上の地名は江古田ではない。練馬区小竹町である。隣接する中野区には江古田の地名があり、こちらは「えごた」と正しく読んでいる。

ちょっと不思議なのは、自動車会社のトヨタである。これは創業者の豊田喜一郎《きいちろう》の姓からとったものだ。豊田喜一郎は、自動織機の発明者豊田佐吉の長男であり、この一族の

「豊田」は人名事典類には連濁して「とよ・だ」で出ている。もっとも、前にも書いたように、同じ漢字の人名でも、「中島」を「なかしま」とも「なかじま」とも読む。連濁することもしないこともあるのだ。しかし、創業者の姓と会社名とに、くいちがいがあるのにはとまどう。その上、本家に当たる豊田自動織機は「とよだ」である。さらに、トヨタ自動車にちなんで、旧称挙母《ころも》市から改称した豊田市は、漢字表記なのに「とよた」である。これは、自動車会社として大きく飛躍しようという時、濁音より清音のほうが音感がいいからとして、商標登録をしたためだという。

【補論】

「した・づつみ」「あきは・ばら」は、あるいは音位転換の一種かもしれない。音位転換とは、上下の音がひっくり返ることだ。「あたらしい」は「あらたし(い)」の音位転換が定着したものである。ただ、「したづつみ」「あきはばら」は濁音の上下が換わっただけだから、音位転換とは言えないかもしれない。

戒名もちょっとブルース

二〇〇〇年七月初め、歌手の青江三奈が亡くなった。彼女はかなり前に離婚していたが、その前夫と死の直前に病床で再入籍していたことが明らかになり、美談かと思われたものの、一転、遺産目当てだとの疑惑も湧き上がり、芸能マスコミは好餌《こうじ》とばかり騒ぎ立てた。

美談か、疑惑か。いや、これは私にはよくわからない。芸能界に情報網を持っているわけではないからだ。真相追究（というほどのことではないが）は週刊誌やテレビにまかせておくとして、私はちょっと別のことが気になっている。

一連の報道に、青江三奈の戒名が出ていた。「謡泉院青江日静大姉」と書く。なかなか立派な戒名だが、これをどう読むか。報道によれば「ようせんいんせいえにちじょうたいし」と読むというのである。

「謡泉院」を「ようせんいん」と読むのは別に問題はない。意味も歌謡曲の泉といったところだろう。「日静大姉」を「にちじょうたいし」と読むのもまちがっていない。「静」は、漢音なら「せい」、呉音なら「じょう」、仏教語は呉音で読むのが通例だから、これでよい。青江三奈は本名が静子だから、それにちなんだのだろう。

気になったのは、「青江」を「せいえ」と読んでいることである。「青」を「せい」と読むのはいいとして、「江」が「え」だろうか。「江」は音なら「こう」、揚子江の江である。「え」と読むのは音ではなく、訓である。これだと重箱読みになってしまう。

寺院や僧侶の名前、経典の語句、仏具の名称、こういったものは、音で読む。もともと、インドに始まった仏教が、支那で漢訳され、朝鮮を経て日本に入ってきた。だから、仏教語は漢語であり音で読む。漢字音には大きく分けて漢音と呉音の二つがあるが、先に書いたように、仏教語は原則として呉音で読む。いずれにしても、訓読みはしないし、重箱読みや湯桶《ゆとう》読みもしない。浅草の観音様は、「浅草寺」と書いた時は、「あさくさじ」ではなく「せんそうじ」である。「親鸞」は「おやらん」ではないし、「一休」は「ひとやすみ」ではない。

とはいうものの、私にも事情がわからない例外もある。

京都の蟹満寺だ。これは「かいまんじ」ではなく、「かにまんじ」である。恩のある少女を救うため、蟹が蛇と闘ったので、その菩提《ぼだい》を弔《とむら》ったものだという。それにしても「蟹」を訓読みにする理由は不明だ。

話を「青江」の方に戻そう。

これを「せいこう」ではなく「せいえ」と読んだのは、ひょっとしたら「江」を音で「え」と読むと勘ちがいしたものかもしれない。というのは、「江」の旁《つくり》から片仮名の「エ」が出来ているし、「江」の草書体の「江」は変体仮名の「え」として使われる。この「江」は、特に花輪や色紙に「双葉社さん江」というふうに使われる。なんとなく芸能人っぽい。

仮名は、表意文字（表語文字とも言う）である漢字の読みから作られた表音文字だ。「伊」から「イ」のように、片仮名は漢字の一部、「以」から「い」のように、平仮名は漢字の草書体、というわけだ。だから、つい仮名のもととなった漢字の読みは音読みだと思いがちだけれど、実は訓読みも少しだけ交じっている。

「め」が「女」の草書体であることはよく知られている。しかし、「女」の音は「じょ」

または「にょ」であって、「め」の音はない。これは訓なのである。

「め」とは何か。「牝狐《めぎつね》」「牝犬《めすいぬ》」「雌鳥《めんどり》」の「め」である。「め」とは女という意味だ。それで、「女」を「め」と訓読みして、その草書体を平仮名の「め」にしたのだ。

仮名文字にはこんな由来はあるのだけれど、それでも戒名の「青江」を「せいえ」と読むのはちょっと無理だ。いっそ『恍惚《こうこつ》のブルース』『伊勢佐木町ブルース』にちなんで、「青江」は「ブルース」と読んだ方がよかったかもしれない。「青」は「ブルー」、入江に洲はつきものだから「江」は「洲」で「す」。いや、これも苦しいか。

「はやし」と「もり」で木の数はちがうか

読者諸兄諸姉にちょっと考えていただきたい。「はやし」と「もり」は、ともに木がたくさん繁っている場所だが、どちらが木が多くどちらが木が少ないだろうが。そんなの決まっているじゃないか。木の多い方が「もり」、木が少ない方が「はやし」だよ。と、ほとんどの人が答えるはずだ。しかし、本当にそうだろうか。

ほとんどの人は、「はやし」といえば「林」という漢字を思い浮かべ、「もり」といえば「森」という漢字を思い浮かべる。そして、この二つの漢字を比較して、「はやし」より「もり」の方が木が多いのだ、と考える。しかし、それは子供向けの学習雑誌によくある〝とんち漢字クイズ〟のレベルの話だ。このクイズのオチは、木の字が四つで「ジャングル」と読む、というものだ。私の子供の頃から学習雑誌でよく見たが、今でも時々目にする。この手のものは進歩しない。

そんなとんち話をここでしようというのではない。「はやし」の方が木が少なく、「もり」の方が木が多いと考えると、つじつまが合わなくなることがあるのだ。

アフリカや東南アジアには「熱帯降雨林地帯」がある。人跡未踏の「密林」が続き、野生動植物の宝庫である。これこそジャングルなのだが、ちゃんと「林」である。一方、「鎮守の森」は、どうか。農家が点在する田園地帯に、ぽつりぽつりとあるのが鎮守の森だ。木の間からは鳥居や社殿が見え、子供たちの遊ぶ声も聞こえる。これで「森」である。この二つの例では、明らかに「はやし」の方が「もり」よりも木の数は多い。

こうして考えてみると、我々は「はやし」と、「もり」のちがいを、漢字の「林」と「森」の字面の印象だけで決めてしまっていることがわかる。けれども、大和言葉の「はやし」と「もり」のちがいは、漢字の「林」と「森」のちがいと必ずしも同じではない。大和言葉の「はやし」に漢字の「林」を当て、大和言葉の「もり」に漢字の「森」を当て、それでだいたいはよかったのだが、その微妙なくいちがいが先の例のようなところに現れてくるのだ。

漢字の林と森とは、ともに会意文字。象形文字である「木」を組み合わせて意味を作った（会意）わけだ。同系の文字だから、ここでは、森の方が林より木が多いと一応は考えてよい。

ところが、大和言葉の「はやし」と「もり」は、林・森とちがって、同系の語ではない。「はやし」は、木が生えている（生やしてある）から「はやし」だ。これには異説はない。「もり」は、もう少し話が込み入っている。

「もり」は「群《むれ》」「（草）むら」と同原で、母音が交替したものだ。木が群生しているから「もり」である。木々が地面から「盛り上がっている」と考えてもいい。これも同原の言葉である。

しかし、ここに宗教的な意味が込められている。「もり」は、神が宿る木々なのである。

神道の用語に「ひもろぎ」という言葉がある。古い巨木などには神が宿るとして、そのまわりを注連縄《しめなわ》で囲ったりする。また、神社の庭の一角に砂を敷き、神が降りてくる木を植える。これが「ひもろぎ」だ。漢字では「神籬」と当てる。この「ひもろぎ」の中にも「もり（もろ）」が入っている。

この「もり」は、もとは朝鮮語だとする説がある。『岩波古語辞典』などにある説で、支持者も多い。現在、朝鮮語では「山」はこれを音読みした「サン」を使うことが多いが、日本語の大和言葉に当たる朝鮮固有語では「モリ」という。これが古代に日本に入ってきたらしい。

山は人里から離れたところにあるので、もともと神霊の住むところだった。祭りで山の神を迎えたり送ったりする神社は全国各地にある。神が宿る木があるところ、神々が住むところ、という意味で、森と山は共通していたのだ。

昔話の「桃太郎」の冒頭に「おじいさんは山へ柴刈りに、おばあさんは川へ洗濯に」という有名な一節が出てくる。おばあさんの行く「川」は文字通りの川なのだけれど、おじいさんの行く「山」は山ではないとする有力説がある。これは現代人の思い浮かべる山ではなく雑木林《ぞうきばやし》だというのだ。『新明解国語辞典』や『三省堂国語辞典』に出ている語釈である。生命《いのち》を支える公有地（入会地《いりあいち》）としての森といったところだろうか。単に物理的な樹木の問題ではないのである。

「餃子」はなぜ「ギョーザ」なのか

私は十八歳まで餃子というものを知らなかった。大学に入学して上京し、初めて餃子を食べた。いやあ、旨《うま》かったね。以来、餃子は何千個食べたかわからない。

私が上京するまで餃子を知らなかったのは、少年時代をすごした名古屋には当時餃子が普及していなかったからだ。全くなかったわけではないけれど、きわめて特殊なエスニック料理で、ラーメン屋や大衆食堂に普通に見られる食物ではなかった。

名古屋ではないが同じ愛知県の蒲郡市出身のマンガ家高信太郎も、同じような体験をマンガに描いている。私より二年早く上京した彼は、ラーメン屋に入り、「餃子定食」と書いてあるのを見て、「鮫子《さめこ》定食ください」と注文して笑われたのだ。鱈子《たらこ》のようなものだと思ったらしい。

そんな話も、今では信じられないだろう。日本中のスーパーやデパート地下の惣菜売場で、餃子はいくらでも売られている。しかし、一九七〇年頃までは、東京、大阪などを除けば、餃子は普及していなかった。

さて、この「餃子」、初めてこの字を見たら、高信太郎でなくとも「ギョーザ」とは読めない。あえて読めば「こうし」だろう。それなら、「餃子」を「ギョーザ」と読むのは何語だろう。

誰もが支那語だと答える。餃子は支那料理だからである。しかし、支那語では餃子を「ギョーザ」と発音しない。「チャオズ」である。外国の食べ物の名前は、庶民が耳で聞いて憶えるものだ。「チャオズ」と「ギョーザ」では、かなりちがう。耳で聞いて憶えたとしたら、こんなふうに変化はしない。

では、「チャオズ」がなぜ「ギョーザ」になったのだろうか。

一つには、支那語であっても北京語ではないのではないか、と考えられる。

支那では、標準語（普通話と言う）である北京語以外に、広東語、福建語など、いくつもの方言がある。この方言ごとに同じ漢字でもその読み方がちがう。「餃子」を「ギョーザ」と読むのも、北京語以外の読み方なのかもしれない。

三省堂の『新明解国語辞典』は、「チャオズの山東語」としている。この辞書は小型国語辞典ながら語釈がユニークで愛用者が多いが、「餃子」の読み方の疑問にもちゃんと答えようとしている。『広辞苑』では「チャオズの訛《なま》り」と簡単に片づけているけれど、先に言ったように、「チャオズ」が「ギョーザ」と訛るのは不自然である。

萩谷朴《はぎたにぼく》『語源の快楽』（新潮文庫）では、山東語説をもう少し詳しく展開している。

山東語では「餃子」を「ギャオヂ」と発音する。餃子を初めて食べた日本人が、これは何というものだと聞くと、山東出身の支那人が「餃子《ギャオジ》・啊《ア》（餃子だよ）」と教えてくれた。それを「ギャオヂァ」というものだと思って「ギョーザ」になった、という説である。

しかし、これはちょっと苦しくはないか。質問者の日本人の誰もが文末の「啊」を知らないとは思えないし、答えた支那人全員がいつも必ず「啊」をつけたとも限らない。

そう考えると、山東語説にはいささか疑問が生じる。

私は、「ギョーザ」は「餃子」の朝鮮語読みではないかと考えている。

「餃子」の朝鮮語読みを片仮名で書けば「キョジャ」である。しかし、朝鮮語には長音記号がなく、また清音濁音の区別もない。文脈に応じて長音に読んだり、清音を濁音に読んだりする。日本語でも、「二・二六事件」を「にーにーろくじけん」、「黄」を「きー」と読む。以前に書いた連濁現象も清音濁音を区別しないから起きる。これと同じだ。従って、「キョジャ」が「ギョージャ」に聞こえることもある。これが「ギョーザ」に転訛《てんか》した、と考えていいのではないか。

かつて旧満洲には朝鮮人が多数入植していた。そこで憶えた餃子を日本人相手に売り、日本人は朝鮮語読みで餃子に親しんでいった。というのが、私の推測である。

【補論】

「餃子」を朝鮮語読みすれば「キョジャ」（ギョージャ）だが、朝鮮語に「餃子」という言葉があるわけではない。朝鮮語では餃子は「マンドゥ」である。

母の印としての乳房

代用漢字というものがある。戦後の漢字改革という名の漢字制限によって使えない漢字が出てきた。そのために読み方が同じ別の漢字を使うことになった。これが代用漢字である。

漢字は表意文字（表語文字とも言う）である。読み方が同じでも意味はそれぞれにちがう。代用漢字ではなるべく意味も似た漢字を選んでいるが、それでもおかしなものがある。

一九九八年三月三日の朝日新聞の法律相談欄は、新手の高額商品勧誘販売の話だ。妖艶な美人勧誘員が若い男性を狙ってショッピングクラブへの入会をすすめるのだ。その記事に、こうある。

「入会申込書に署名、印鑑がわりに母印を押した」

拇印《ぼいん》とは拇指（親指）を印鑑がわりにすることである。若い男性はこの拇印を押したのだ。しかし、記事では「母印」となっている。グラマーな美人がボインを押しつけて入会を迫ったのだろうか。どうも驚いた代用漢字である。宅配便の配達員が拇印をお願いしますと言ったら、勘ちがいした主婦が胸をはだけた、というよくあるジョークが、ここでは妙に現実味を帯びる。

ところで、女性の豊満な乳房を「ボイン」と表現することは、一九七〇年頃の俗語から始まった。しかし、今では徐々に死語になりつつある。代わって「巨乳」だの「爆乳」だの、果ては「超乳」なんてのまで、雑誌のグラビアページを彩るようになった。巨乳はともかく、乳が爆発しちゃ困るし、超乳じゃ乳を超えるのだから別物になってしまう。なんだかわけがわからない。

さて、「ボイン」から「巨乳」まで、このどれもが、乳房を性愛の対象として見た言葉である。しかし、本来、乳房は赤ん坊を養い育てるための器官だ。それが、この数十年、乳房は性愛の対象として強調されるようになり、言葉の変遷にもこのことが反映しているわけである。

「ちち」は、「ち」を重ねた言い方である。この「ち」は、「血」と同原、また「命」の「ち」でもある。つまり生命力を意味している。人間の体内で生命力を保持するのが血、赤ん坊に生命力を授けるのが乳である。一九七〇年に流行した落語家月亭可朝の歌のように、おっぱいは赤ちゃんのためのものなのだ。

巨乳の女性が年齢《とし》をとると、どうなるか。重力に抗し切れず、垂れてくる。老いとは残酷なものだ。

「垂乳根《たらちね》」という言葉がある。母の代名詞のように使われ、また、母にかかる枕詞でもある。落語の『垂乳根』は、お屋敷勤めの上品な女性を嫁にもらった長屋暮らしの男が困惑する話だ。新妻は母の話をする時にも枕詞を欠かさず「垂乳根の我が母は」とやり出すのだ。

この「垂乳根」、なぜ「垂乳根」なのか。こう問うと、ほとんどの人が、子供を何人も産んで乳房が垂れてしまうから「垂乳根」だと答える。

大型の辞書を見ると、いくつもの語原説が紹介されている。そのうちの一つに、確かにそういう説もある。そして、現代人にはその説が納得しやすい。現代人は、先にも書いたように、乳房を性愛の対象として強く意識する。若い女性のエロチックな乳房、それに比し、育児と結びついた老いて垂れた乳房、という構図がそこに読み取れる。

しかし、「垂乳根」という言葉が成立した古代は、現代とは精神的背景が同じではなかったはずだ。乳房は性愛の対象であるよりも、新しい生命を育むものという側面が強かった。そうだとすると、「垂れる」のは乳房ではなくて乳汁でなくてはならず、乳をしたたらせて子供の恵みとするから「垂乳根」だと解釈した方が自然だということになる。

一九六〇年代まで、バスの中で胸をはだけて赤ん坊に授乳する若き母親の姿を、いくらでも目にしたものである。

漢語だから誤読

旧制一高（現在の東京大学教養課程にほぼ相当する）の寮歌に通称『嗚呼《ああ》玉杯に花うけて』がある。佐藤紅緑《こうろく》が「少年倶楽部」誌上に連載した熱血立志少年小説の題名も『ああ玉杯に花うけて』である。作詞者は学生歌人の矢野勘治、自身も一高、東大を卒業し、後に銀行家として成功した。作られたのは一九〇二（明治三十五）年だから、今から一世紀以上前になるが、その漢語を多用した文語調に風格があり、一高とは関係のない人にも親しまれてきた。

題名の由来になっている第一番は次の通りである。

嗚呼玉杯に花うけて

嗚呼玉杯に花うけて
緑酒に月の影宿し
治安の夢に耽《ふけ》りたる
栄華の巷《ちまた》低く見て
向《むこう》ヶ《が》岡《おか》にそそりたつ
五寮の健児意気高し

選良意識が鼻につくという声もあるだろうが、むしろ若者らしい意気込みに共感を覚える人の方が多かろう。さて、ここで問題です。玉杯に花びらを浮かべたり、緑酒に月影を落としている人は誰でしょう。

①理想に燃える一高生。向ヶ岡の寮で学友と酒を酌《く》み交わして天下国家を論じているのだ。

②愚民俗人ども。花見酒や月見酒に浮かれ、太平の夢にふけっている。

正解は②である。この歌を愛唱する大多数の人が①だと思っているけれど、歌詞を慎重に読めば②の意味であることは明らかだ。実は、私もこのことを知ったのは、講談社文庫の『日本の唱歌（下）』（金田一春彦・安西愛子共編）を読んでからである。それまでは①だと思っていた。いや、我ながら無知というものは恐ろしい、恥ずかしい。
なぜこのような誤読が生じるのか。まず、この歌の題名が誤解を生みやすい。歌詞の中で否定的に歌われていることが題名になっている。しかも、それが荘重な漢語で「嗚呼」だの「玉杯」だのと書かれているのだから、当然のように肯定的に称揚《しょうよう》しているものだと思ってしまう。もしこれが『けっ、バカラのグラスでレミーだと』という題名だったら、こんな誤読は生じない。その調子でこの寮歌と同旨の歌を作ってみよう。

けっ、バカラのグラスでレミーだと
けっ、バカラのグラスでレミーだと
バブルの夢でも見てるのか
浮かれた俗物見下して
向ヶ岡の学生寮
一高生の意気高し

これなら誤読は生じない。しかし、これではあまりにも風格に欠ける。卑俗すぎて品がない。『嗚呼玉杯』は風格があるからこそ、国民的愛唱歌となったのだ。そして、その風格は漢語調によってかもし出されている。そこに大きな落とし穴がある。我々は漢語調の文章に会うと、つい荘重な風格や品位を感じ取ってしまうのだ。

『論語』陽貨《ようか》篇に「鶏を割《さ》くに焉《いずく》んぞ牛刀を用いん」という言葉が出てくる。もちろん孔子の言葉で、鶏肉をさばくのに牛肉用の大庖丁を使う必要はない、大袈裟なことをするな、という意味だ。これを我々はつい厳《いか》めしい訓戒のように受け取ってしまうが、原文を読んでみると、これは孔子の冗談なのである。

孔子の弟子が小さな田舎町の町長になった。その町では文化政策に力を入れているという。孔子は笑って曰《のたま》く、「この町で文化政策？　鶏肉をさばくのに牛肉用の大庖丁かね」。弟子である町長は、いささか憤然として反論する。「先生は前から文化こそ政治の要《かなめ》だとおっしゃっていましたが」。孔子は答える。「その通りだ。今のは冗談なのさ」。

この「笑って」、原文訓読では「莞爾《かんじ》として」である。笑っているにしては厳めしい。漢語調は実は曲者《くせもの》なのである。

翻訳語の漢字には要注意

これから、幸福の科学に批判がましいことを書く。読者の中に信者の方がいたら、少し目をつぶっていただきたい。いや、逆だ。少し目を覚ましていただきたい——かな。

幸福の科学は大川隆法総裁の主宰する宗教団体である。大川総裁は、古今東西の宗教家や哲学者たちと霊的交流をすることができ、それを霊言としてまとめていらっしゃる。簡単に言えば、イタコとなって古代の宗教家を呼び出し、そのお言葉を一冊の本にしているわけだ。これを不合理だといって嘲笑することはできない。宗教はどんなものでも中核に不合理なものを持っているからだ。

私が思わず吹き出してしまうのは、大川総裁に呼び出された人たちの霊がおかしな言葉を口にすることである。例えば、孔子を呼び出すと、孔子は「わしは孔子じゃ」と言って現れる。孔子が日本語を話すのがおかしいというわけではない。なんせ霊なのだから、古代支那語を現代日本語に翻訳するぐらい、別に難しくはなかろう。私がおかしいと思うのは、孔子が自ら「孔子じゃ」と名乗ることである。

孔子の「子」というのは敬称で、普通「先生」と訳す。「孔子」とは「孔先生」という意味である。我々は便宜的に「孔子先生」「孔子様」と言うけれど、孔子が自ら「わしは孔子じゃ」と名乗って出現することはありえない。

現に『論語』の中では、孔子は自ら「丘《きゅう》」と名乗っている。姓が孔、名が丘だからだ。大川隆法総裁は東京大学法学部を御卒業なさったわりには、どうも基本教養がおありにならない。

と、かねがね思っていたら、またも大川総裁は大ポカをやってくださった。

幸福の科学の出版部門が発行する月刊誌「ザ・リバティ」の二〇〇〇年十月号で、大川総裁が「悟性《ごせい》とは何か」という講話をやっていらっしゃる。

「人間の精神活動には、大きく言って、『感性』『知性』『理性』『悟性』という四つの作用がありますⅠ「悟性とは、分かりやすく言うと、直感的能力です」「霊的直感能力です」

人間の精神活動の四大分類はまあいいとして、悟性が霊的直感能力であるはずがない。

悟性とは、それこそ「分かりやすく言うと」、理解力のことである。

どうして、そんなことが断定的に言えるのか。理由は簡単、「悟性」は一見東洋的、宗教的な言葉に見えながら、西洋語の翻訳語だからである。これはドイツ語ならver-stand、英語ならunderstanding、それを日本語に訳したものだ。このunderstandingを英和辞典で引くと、理解力、悟性、とちゃんと書いてある。

これは「悟」の字が曲者なのである。この字に宗教的な悟《さと》りのようなものをつい見てしまう。そして、知性や理性の奥にある究極の精神活動のことだと思ってしまう。現に大川総裁もそう思っている。しかし、翻訳語に使われた漢字をもとに勝手に意味を解釈しても本来が西洋語なのだから、トンデモ解釈にしかならない。

「化学」は明治初めまでは「舎密《せいみ》学」と言った。これはオランダ語のchemieを音訳したもので、別に校舎の秘密という意味はない。学校の怪談じゃないんだから。現在使われる「化学」は英語のchemistry（物質変化の学問）の翻訳語である。これも「化」の字が使われているからといって、化物について研究する学問だと勝手に解釈してはいけない。これと同じことである。

大川総裁は東大法学部を卒業された後、大手商社に就職、ニューヨーク勤務となり、そのかたわらニューヨーク市立大学で学ばれた、と略歴にあるが、英和辞典のunderstand-ingの項目は御覧になっていないのだろうか。

その上、「ザ・リバティ」の同じ号には、「先達に見る英語勉強法」という特集もあって、夏目漱石、新渡戸稲造、鈴木大拙《だいせつ》の英語勉強法を紹介している。そこに引用されている大拙の言葉に、こうある。「日本は日本として、あるいは東洋は東洋として、西洋に知らせなきゃならんものがいくらでもあると。ことにそれは、哲学、宗教の方面だと」。哲学、宗教の用語を原語に溯《さかのぼ》ってきちんと理解しておくことも、先達に見る英語勉強法ではなかろうか。

ロシヤとインドは遠い親戚?

前回、幸福の科学の大川隆法総裁が「悟性《ごせい》」(understanding=理解力)という言葉を「霊的直感能力」という意味に誤解・誤用している話をした。「悟性」がunderstandingの翻訳語なのに、それを知らずに宗教的な「悟り《さと》」の意味に使っているからおかしいのである。それなら、逆に、日本語の「悟り」を西洋語に翻訳すると、どうなるのか。

これが実は翻訳しにくい。「犬」をdogと訳すような一対一対応の直結式の訳語はないのだ。英訳の場合、多くの和英辞典では、「悟り」はspiritual awakening(霊的な目覚め)としてある。これは二語を連結したことからもわかるように二次的な言葉である。つまり、説明的な翻訳しかできないのだ。

これには、日本と西洋の宗教的背景のちがいが感じられる。

西洋でも、突然宗教的な自覚を持つことはもちろんある。だが、これは「悟り」ではない。「回心」conversion である。自分の心を神の方に方向転回するわけだ。キリスト教社会の西洋では、神があっての宗教である。そこでは、神の方向を向いていない不信心者やまちがった邪神の方向を向いている異教徒がエホバ（ヤーウェ）の神の方向を向くようになることが宗教意識を持つことなのだ。だからこそ「回心」である。

一方、仏教では、真理に「目覚める」ことが宗教的意識である。だから「覚り《さと》」＝「悟り」なのだ。仏教の開祖釈迦《しやか》を「仏陀《ぶつだ》」と尊称するが、その意味は「目覚めた人」である。目覚めることによって誰もが釈迦と同じ境地に至るとするのが仏教であり、絶対的超越神を信仰するのがキリスト教である。このちがいがあるから、仏教語「悟り」の西洋語への翻訳は説明的になるのだ。

ところで、ロシヤ語では「目覚まし時計」のことをブヂーリニクという。動詞ブヂーチ（目覚めさせる）から派生している。共通する語幹はブヂである。これはブッダ（目覚めた人）と同原の言葉である。

仏教とロシヤ語に語原が同じ言葉があろうとは。意外といえば意外である。ロシヤの宗教はロシヤ正教だ。これは東方正教の一つで、ローマ帝国が二つに分裂した片方、東ローマ帝国のキリスト教である。教義もカトリックとほとんど変わらない。そんなロシヤに、インド起源の仏教の言葉が伝わり、「目覚まし時計」にまで残っているのだ。

これが例外中の例外なのかというと、そうではない。

仏教では本来「肉食《にくじき》」は禁じられている。殺生《せっしょう》をすることになるからだ。この「肉食」をサンスクリット語でマムサ・ボジャナという。マムサは肉、ボジャナは食べる、という意味である。ロシヤ語で「肉」はミャサである。マムサとミャサ、これも音感が近似している。そして、語原も同じである。仏教語とロシヤ語では「肉」も同じなのだ。

まだある。

インドは、実はハイテク国であり、軍事大国である。我々はついガンジス川の修行者やスラム街の貧しい人々でインドをイメージしてしまうけれど、インドはある面では完全に先進国であり、近隣諸国を威圧するだけの軍事力を保有している。一九九八年には核実験に成功しているし、それを運搬するミサイルも開発している。

そのインドのミサイルは「アグニ」と命名されている。これはヒンドゥ教の火の神、アグニ神からとられた名前である。禅宗では、火葬の時に僧侶が点火することを「下火」と書き、これを「あこ」と読む。普通、これは「下火」の唐音だと説明するが、私は火の神アグニ神と関係があるのではないかとにらんでいる。仏教語であればまずインド起源を思い浮かべた方がいいからだ。とはいうものの、そこはシロートの悲しさ、学術的な証拠はない。

話は戻って、ロシヤ語では、火のことをアゴニという。火の神アグニと、アゴニ。これは、ロシヤ語の語原辞典にも書いてあるし、音も近いし、この同原は火を見るよりも明らかだ。

ブッダとブヂーチ、マムサとミャサ、アグニとアゴニ。インドとロシヤでは思いのほか、共通する言葉は多い。世界地図を広げてみよう。インドとロシヤは他の西洋諸国より近い。言葉が伝播《でんぱ》しても不思議はないのだ。

かかしはなぜ山田の中に立っているのか

藍川由美『これでいいのか、にっぽんのうた』（文春新書）は、日本の歌曲の問題点を音韻論など音楽理論に照らしつつ論じた興味深い一冊である。この中に、長く親しまれてきた名歌が「差別用語の規制とやらで」歌えなくなっているとの指摘がある。その一例が文部省唱歌『案山子《かかし》』だとなると、えっ、あの歌のどこが差別なの、と頭が混乱してくる。読者諸賢も、ちょっと考えてみてください。

案山子
山田の中の一本足の案山子
天気のよいのに蓑笠《みのかさ》着けて

朝から晩までただ立ちどおし
歩けないのか山田の案山子

山田の中の一本足の案山子
弓矢で威《おど》して力《りき》んで居《お》れど
山では烏《からす》がかあかと笑う
耳が無いのか山田の案山子

懐かしく微笑《ほほえ》ましい童謡である。しかし、歌詞をよく読むと、一番では片脚しかない人を、二番では聾唖《ろうあ》者を、からかっていると解釈できなくはない。というわけで、このような差別歌は放送禁止、学校でも歌わせない、というのである。目茶苦茶である。恐ろしい時代になったとしか言いようがない。

ところで、この唱歌では「かかし」と清音になっているけれど、これは一種の方言のようなもので、本来は濁音で「かがし」である。民俗学者柳田國男は、『年中行事覚書』の中の「案山子祭」という一章で、悪臭を嗅がせるから「かがし」であるとして、次のように語原を説明している。

農作物を鳥獣の害から守るのには、案山子のように人形を作って鳥獣を威すやり方と髪の毛や猪の毛皮を火で焼いて悪臭を漂わせて鳥獣を追い払うやり方があった。後者が文字通りの「嗅《か》がし」なのだが、前者もこの言葉で包括するようになったのだ。

柳田は、ここで、猪の毛皮の焼ける臭いを嗅げば、動物は恐怖心を感じて近づかなくなると、説明しているが、これはいささか無理に科学的説明を求めたものである。雑食性の烏《からす》や腐肉を好むシデムシなどは、むしろこの臭いに引き寄せられる可能性さえあるからだ。柳田自身も後続の文章で触れているが、節分に邪気を払うために軒《のき》に飾る鰯《いわし》の頭と同じく、宗教的・呪術的意味が強いと見た方がいい。吸血鬼ドラキュラをにんにくで追い払うのも同じである。

人形の案山子は既に『古事記』に物知りの神「久延毘古《くえびこ》」として登場している。歩くことはできないけれど、天下のことをことごとく知る、というのだ。「くえ」は「崩《く》え」、立ったままぼろぼろに朽《く》ち果てる、という意味である。あるいは、「くゆらす」という意味も重なっているかもしれない。先に言った毛皮などを焼いた煙を「くゆらす」である。

さて、この『古事記』の久延毘古、「今は山田の曾富騰《そほど》という」とある。曾富騰は案山子の別名で『古今集』などにも出てくるが、面白いのは、『古事記』でも「山田の」と場所が限定されていることだ。

唱歌の「案山子」は、なぜ「山田の中」にあるのか、普段誰も疑問に思わない。よく考えてみれば、山田である必要はなく、むしろ平野の田んぼの方がいいようにさえ思える。山田の方が叙景歌として絵になるから、とでも解釈しがちだが、そうではない。実は『古事記』の記述を踏まえたものなのである。

では、案山子は、なぜ「案山子」と書くか。ある語原解釈の本を読んでいたら、山に向かって思案しているように見えるからと書いてあったのには驚いた。「案山」を山に向かって思案するとは決して読めない。「案」は木が入っていることからもわかるように、机である。机に書物を並べて調べものをしたり考えごとをしたりするから、「案出」「考案」「答案」「試案」となる。「案山」とは、机のように小高い田んぼ、すなわち「山田」ということである。その守神ということで敬称の「子」をつけ「案山子」なのである。

唱歌「案山子」は、素朴な歌ながら、その裏には作詞者（はっきりしない）の学識が秘められている。放送禁止など、仏教遺跡を爆破したタリバン顔負けの文化破壊である。

「貝」も「買」も「ばい」と「かい」

二〇〇一年春、潮干狩りの季節だというのに、三河湾の漁協は大打撃を受けた。アサリが採れないからである。遠浅の砂浜にアサリはいるにはいるのだけれど、保健所からのお達しで、アサリを採ってはいけないことになった。海流のせいだか水温のせいだか、有毒プランクトンが発生し、これを餌とするアサリが毒を持ってしまったのだ。潮干狩りは禁止だし、漁協はアサリを出荷できないし、被害は甚大である。騒ぎは初夏になってやっと収まり、漁民はほっと胸をなでおろしている。

というような報道が、私の住む愛知県の新聞やテレビを何度もにぎわした。自然を相手にする仕事は大変だなぁと思いながら、それを眺めていたのだが、ふと面白いことに気づいた。

有毒プランクトンを摂取したアサリの体内に蓄積された毒のことを「貝毒」というらしい。この言葉は新聞にもテレビにも頻繁に登場した。しかし、『広辞苑』にも『新明解』にも『新辞林』にも出ていない。新語、あるいは専門語、業界語なのだろう。むろん、それを使ってはいけないわけはなく、意味もわかりやすくていい。貝の毒だから「貝毒」。そのまんまである。

問題は、この読み方だ。テレビではアナウンサーが「かいどく」と発音している。新聞では「かいどく」と読むのが当然だとばかりに、ふり仮名はない。しかし、貝を「かい」と読むのは訓読みであり、毒を「どく」と読むのは音読みである。これでは湯桶《ゆとう》読みになる。「消毒」「鉛毒」「鉱毒」……。普通はこのように音読みで二字熟語にする。

それなのに「かいどく」と、いささか無理をして湯桶読みをしているのは、もちろん、「ばいどく」という読みを避けたからである。「梅毒」(かつては「黴毒《ばいどく》」と書いた)を連想させて、ちょっとまずいという判断が働いたのだろう。貝を食べて「ばいどく」になっちゃ、横山まさみちの艶笑マンガである。

無理な湯桶読みといえば、「買春」と書いて「かいしゅん」と読む児童買春・ポルノ禁止法が一九九九年成立した。児童を護るための法律だから、売った方ではなく買った方を罰する、という意味で「買春」、読み方も「売春」と区別するため「かいしゅん」、というわけなのだろう。しかし「買春」と書いて「ばいしゅん」で何の不都合もない。仮に「売春」との混同が起きたって、処罰対象者は買った方とされているのだから、法律が誤って適用されることもない。おかしな読み方をわざわざ広める必要はないのだ。

「貝」は「ばい」と「かい」、買も「ばい」と「かい」。しかし、これが逆になっていてまちがえやすい字もある。

「灰」である。これは音《おん》が「かい」、訓が「はい」だ。

栄養学などで、澱粉、蛋白質《たんぱく》、脂肪などの有機物を除いた無機物、すなわちミネラル類を「灰分」という。これは二字とも音で「かいぶん」である。

それなら、火山の噴火によって灰が降る「降灰」は何と読むのか。当然、「こうかい」である。ところが、ここ数年の噴火の報道では、アナウンサーは「こうはい」と発音している。辞書では「こうかい」で見出しを立てているが、中には「こうはい」を空見出し《から》にし、「こうかい」を見よ、とするものも出てきた。全くの誤読ではなく、慣用読みとしてある程度認めるというつもりらしい。

話を貝に戻そう。

魚屋ではむろん魚が売られているが、他の水産物も売られている。それで、魚以外の水産物も含めて「魚介類」という。

この「介」とは何だろう。

商店などでは、しばしば略字や当て字を使う。面倒を省くためだ。画数の多い「醤油」を避け、当て字で「正油」と書く。これと同じように、「貝」のつもりで「介」としたのだろうか。そう思っている人も多い。しかし、「貝」でも「介」でも手間はさしてちがわない。それに、「魚貝類」なら、「ぎょばいるい」となるはずである。

「介」は、鎧《よろい》を着けた人を表す象形文字で、甲羅《こうら》や殻《から》という意味である。そこから、海老《えび》や蟹《かに》、そして貝も意味するようになった。「魚介類」という言葉には、「魚・貝」だけではなく、「魚・貝・海老・蟹」も含まれている。これは当て字ではなく、由緒正しい言葉なのだ。

「お」がついてお上品？

「お宝」という言葉をよく見聞きする。年代もののカメラや時計、絶版となった稀覯《きこう》本などのことだ。確かに、これらは高価で珍しいものだから「宝物《たからもの》」にはちがいないが、それに「お」をつけるだろうか。

「お」をつけて「お宝」と言うのは、普通次の三つである。まず第一が、昔話に出てくる金銀珊瑚《さんご》のような財宝のことだ。しかし、これは必ず「お」をつけるとは限らない。第二が、金《かね》の意味で「お宝」と言う場合。少し古い言葉だが、これは必ず「お」がつく。第三が、正月に良い初夢を見るように枕の下に敷く宝船の絵を描いた紙。今ではほとんど見られなくなった習慣だが、明治頃までは売り子が「お宝、お宝」と呼びながら、宝船の絵を売り歩いた。これも必ず「お」がつく。

昨今使われる「お宝」は、このどれにも該当しない。テレビ番組から始まった一種の流行語のようだ。

一九六五年、大学入学とともに上京した私は、東京ネイティブが異様なまでに「お」を多用するのに驚いた。学生食堂で友人がしきりに「押す」を連発するので、何を押すんだろうと思っていると、「お酢」であった。私は十八歳になるまで「酢」に「お」をつけるなどとは考えてもみなかった。

レストランのウェイトレスが「おビール」と言うのも変な感じがした。高校の国語で、「酒」は「お酒」と言うが、外来語である「ビール」は「おビール」とは言わない、と習っていたからである。彼女たちの大半は東京ネイティブではないはずだし、当時のことだから高卒者さえ多くはなかった。東京に出てきたのだからお上品な言葉を使わなくちゃ、という強迫観念がそう言わせたのだろう。しかし、いつの間にかこの「おビール」も定着して広まってしまった。それどころか「おコーラ」さえ耳にしたことがある。そのうち「おファンタ」だの「おスプライト」だのも出てくるんじゃないか、と、怖いもの見たさで期待していたが、さすがにそれは今に至るまで聞いたことがない。

江戸時代の川柳に、こんなのがある。

「お台所でおすりばちがおがったりおがったり」

奥様が、田舎出の下女に、お前は言葉使いが野卑だから、とにかく「お」をつけなさいと叱った。すると、それを守った下女が何にでも「お」をつけた、それがこの一句。

この奥様のようなことをおっしゃる先生がいる。産能大の講師で社会人教育の講座を持つ徳川桃子先生だ。名前から察するにやんごとなき御出身の方かもしれない。

徳川桃子先生は産経新聞にもマナー講座を連載していたが、一九九五年二月二十五日付同紙では、次のように書いている。

「『友達と飲みに行って……』とか『あたしって、結構料理好きなんですよ』などという言葉を、若い女性の口から聞くのは、あまり心地よくない。『お友達』『お料理』といってほしい。『お』の付け方は、しばしば論議を呼ぶが、この丁寧語『お』は譲れない。付けなくてはならないと思う」

幼稚園児たちは、確かに「お友達」と言う。これは幼稚園の先生が、園児たちに向かって「お友達」と話すのを、園児たちがそう憶えたのである。我々は、他人の、とりわけ目上の人の友達を、「お」なしで「友達」とは言わない。「あの方はお友達ですか」などと言う。しかし、自分の友達は、一種の身内と考えて「友達」でいい。幼稚園児はこの区別ができず、先生が自分たちに向かって「お友達」と言っているのを聞いて、そのまま使う。先生が「桃子ちゃんのお父さん」と呼んでいるので、自分の父親を他人の前でも「お父さん」と言うのと同じなのである。

徳川桃子先生は、学生たちに、幼稚園児じゃないんだからむやみに「お」をつけるなと教育した方がいい。同時に、それこそ若い女性が得意の「あたしって～なんですぅ」という甘えた言い方も、直ちに矯正《きょうせい》させるべきである。「あたしって結構料理好きなんですぅ」と「あたしは料理が好きです」とでは、どちらが知的で上品か、説明するまでもあるまい。

ところで、「お」を外すと意味がわからなくなる言葉がある。「ま」で始まる言葉だ。「まけ」は「おまけ」じゃないと意味がわからない。あ、もう一つあった。これも「ま」で始まる。「おまわりさん」もそうだ。あれ、もう一つあったかもしれないような……。

「おとうさん」は仲間はずれ

明治から昭和前半に活躍した右翼の巨魁《きょかい》に頭山満という人物がいる。これは「とうやま・みつる」と読む。珍しい姓だ。耳で聞けば、よくある「遠山」と同じように聞こえる。

若者文化に詳しい文芸評論家に切通理作という人がいる。これも珍しい姓である。著者紹介では「きりどうし・りさく」としているが、「通」は「とおす」と読むはずである。最近「きりどおし」と書いたものを見たこともある。本来どちらで読ませているのだろうか。また「きりどうし」に、何か理由があるのだろうか。

「頭山」も「切通」も、この「う」が直前の音（と・ど）の母音を伸ばしたように聞こえる。本当に伸ばしたものか、そう聞こえるだけか、これが表記のちがいになってくる。

「へー、そうですか」という時の「ー」のことを長音符号という。編集者たちは「音引《おんび》き」とも呼んでいる。直前の母音を引っぱる符号という意味だから、これ固有の音はない。つまり、単独では読めない。これが符号の特徴である。

文章は本来文字だけで構成され、文字だけで一応読めなければいけない。長音符号を使わなくとも、母音で長音を表すことができる。「へー」と書かず「へえ」と書くのが、本来の表記である。

さて、ここで問題です。次の家族のうち、一人だけ別のグループの人が交じっています。それは誰でしょう。

「おとうさん、おかあさん、おにいさん、おねえさん、おじいさん、おばあさん」

正解は「おとうさん」である。

理由の説明は後にして、次は、今のけものにされた「おとうさん」の入るグループを考えてください。

正解は「おとうさん、おとうと、いもうと」である。

さて、理由だ。多数派のおかあさんグループでは、長音を表す文字を、その文字の表す通りの音で読んでいる。少数派のおとうさんグループでは、長音を表す文字を、その文字の通りには読んでいない。このグループの「う」は、「う」ではなく、直前の音の母音を伸ばすという符号なのである。

従って、もともと「お」である場合、耳で聞いて長音のように聞こえても、「う」と書かず「お」と書く。「保温」は「ほーん」と聞こえるが、表記は「ほうん」ではなく、「ほおん」である。もっとも「ほおん」は、もとが漢語であることが明瞭であり、その漢字もすぐ思い浮かぶ。「温」が「おん」であり、「うん」でないことは、誰にもわかる。とはいうものの、「温州《うんしゅう》みかん」があるぞと反論されれば、恐れ入りましたと言うほかはない。

話を戻して、仮名書きの場合、もとが「お」であるのか、長音なのか、わかりにくい。これで、それで表記の混同が起きる。「通す」は歴史的仮名遣いでは「とほす」と書いた。これで「とおす」と読んだのであり、「と」が伸びたものではない。だから、「とうす」と書かず、「とおす」と書くわけである。

ところが、ここにまた一つの問題がある。

ホテルの受付嬢などが顔に浮かべるのは「ほほえみ」である。子犬がじゃれているのを見ると「ほほえましい」気分になる。漢字では「微笑」と当てることが多いが、語原を考えれば「頬笑」である。「頬」が笑いでほころぶからだ。

では、次の「頬」は、どう読むか。

●頰紅をつける。
●札束で頰をはりとばす。
●にぎりめしを頰張る。
どれも「ほほ」とは読まない。「ほお」と読む。歴史的仮名遣いで「ほ」と書いて「お」と読む場合は、長音ではないので、「う」とは書かず「お」と書く。まとめてみると、次のようになる。
●ほほ（歴史的仮名づかい。読みは「ほお」）
●ほお（現代表記。読みは同じく「ほお」）
●ほう（誤用）
そうだとすると、現在普通に見る「ほほえみ」「ほほえましい」は、歴史的仮名遣いだということになる。しかも、正しい歴史的仮名遣いなら「ほほゑみ」になるはずだから、中途半端な歴史的仮名遣いなのである。

その上、文字に引きずられて、「ほほえみ」（正しくは、「ほおえみ」）、「ほほえましい」（正しくは、「ほおえましい」）と発音するのが多数派になってきた。と書いている私でさえそうなのだから、やもうえない、いや、やもおえない、いや、やむをえないか。

森と水車小屋

シューベルトの有名な歌曲に『美しい水車小屋の娘』がある。同時代の詩人ミュラーの詩に曲をつけたものだ。

さて、この『美しい水車小屋の娘』とは、次の二つのどちらの意味であろうか。

①小川のほとりに美しい水車小屋があり、そこに娘がいる。娘が美しいかどうかはわからない。

②小川のほとりに水車小屋がある。そこに美しい娘がいる。水車小屋が美しいかどうかはわからない。

常識的に考えて、答えは②である。水車小屋ごときに金をかけて美しくしてもしかたがないし、娘が美しくなかったらロマンにならない。この歌は、粉挽《ひ》きの青年の悲恋を歌ったものである。

原題はDie schöne Müllerin。水車小屋の娘（Müllerin）が美しい（schöne）のである。ドイツ語では一語のMüllerinが日本語では説明的に「水車小屋の娘」と二語になる。そこで、あらためて問われると、「美しい」が「水車小屋」にかかるのか「娘」にかかるのか、一瞬とまどうのだ。もっとも、意味を考えれば、先ほど言ったように、娘が美しくなかったら話にならない。『水車小屋の美しい娘』とすれば誤解は起きないが、あえてそうする必要もないわけだ。原題の語順も踏襲していることになる。

ところで、私の住んでいる町に、最近ファンシー・ショップが出来た。洋風小間物屋である。店の一角は喫茶室にもなっていて、いかにも若い女性が喜びそうな作りだ。店の名前もメルヘン調で「眠れる森」である。

この「眠れる森」は、フランスのペローが採集した昔話『眠れる森の美女』からとったものだろう。

この話はヨーロッパ各地に広く伝わっている。魔女の呪いによって百年間の眠りについたお姫様が、王子様の出現によって眠りから醒《さ》める。その百年間、お姫様の住む城ではすべての人たちが眠りにつき、城のまわりは茨《いばら》が繁って取り囲む。ドイツのグリムは、同じ話を『いばら姫』として採録している。

ここで、また問題です。『眠れる森の美女』とは、次の二つのどちらの意味であろうか。
①森が眠っている。お姫様も含めて森全体が眠っているのである。
②お姫様が眠っている。森は眠れるお姫様を保護しているにすぎない。
どちらとも取れる。むつかしいところだ。

フランス語の原題を見てみよう。便宜的にフランス語の語順のまま英語に移し変えたものを並べておく。
● La Belle au bois dormant
● The beauty in the forest sleeping
どうも森が眠っているように見える。しかし、白水社の『仏和大辞典』の dormant の項には、次のように出ている。

「これは Belle dormant au bois（森の眠れる美女）の意であって、le bois dormant（眠りの森）の意ではない」

英語の題名も、本当は端的に Sleeping Beauty（眠れる美女）なのである。

そうなると、ファンシー・ショップ「眠れる森」は誤りだということになる。しかも、姉妹店に「美しい水車小屋」があったりしてね。

しかし、この話にはまだ続きがある。

一九九八年十月から十二月にかけて、フジテレビ系で木村拓哉主演の連続ドラマが放映された。『眠れる森』である。私はテレビを見る習慣がないので詳しい内容は知らないが、富士山の樹海が出てきて、確かにこの題名でおかしくないドラマだったらしい。テレビ放映が終了してすぐ、そのシナリオが単行本となって書店に並んでいるのを見かけた。著者は野沢尚となっている。野沢は有名な脚本家で小説も書いている。本の表紙には、日本語の題名とともに、A sleeping forest と英語名も書いてある。どうやらこれは確信犯らしい。『眠れる森の美女』を踏まえながら、全然別の話を作ったのだろう。ファンシー・ショップもこちらから店の名をつけたのかもしれない。

ところで、『眠れる森の美女』は文語的な題名である。これを嫌って、口語的に『眠りの森の美女』とした本も見かける。しかし、これだと「眠り」は「森」に直結し、眠りの森に美女がいることになる。「眠れる」なら「美女」にかかって「眠れる美女」でおかしくないが、「眠りの」が「美女」にかかると「眠りの美女」で日本語として不自然だから。川端康成にも『眠れる美女』という小説がある。

ガマとコウモリ

小ぎれいな陶器・ガラス器の店を見つけた。入ってみると、一角に小さな蛙《かえる》の置物ばかり並べてある。大きな蛙だと、野趣豊かではあるけれどちょっとグロでもある。しかし、小さな蛙がずらりと並んでいると、なかなか可愛らしい。

説明板を見ると、蛙は縁起のいいマスコットだと書いてある。使ったお金がカエル、失くしたものがカエル、生きカエル……というわけだ。なんだ、つまらん駄洒落《だじゃれ》じゃないかと、私はあきれカエル。しかし、同時にあることを思い出した。「三猿《さんえん》」である。

観光地の土産物《みやげもの》屋などに、両手で目、耳、口を隠した三匹の猿の置物がよく並んでいる。見ザル、聞かザル、言わザルを、三匹の猿で表している。これも駄洒落といえば駄洒落なのだが、よく考えてみるとおかしい。辞書で「三猿《さんえん》」を引くと、三匹のサルが消極主義を意味しているものと書いてあるものが多い。現に、不正をした仲間をかばう役人の自己保身的態度を三猿になぞらえたりする。そうすると、三猿の置物は、そうした自己保身的な消極主義をすすめたものだということになる。しかし、こうした置物に込められた教訓は、普通もっと積極的に善行をすすめているはずではないか。

少し古いものだが、飯田道夫『見ザル聞かザル言わザル――世界三猿源流考』（三省堂選書）という本がある。実は、三猿は世界各地にかなり古くからある、というのだ。本来その意味するところも、悪いものを見ない、悪いことを聞かない、悪いことを言わない、という道徳を説いているらしい。それが日本に流れ込み、「サル」の語呂合わせになり、いつのまにか自己保身を意味するようになったのだ。もっとも、ラフカディオ・ハーン『日本の面影』の中の「盆踊り」に、三猿は、悪を見ざる、悪を聞かざる、悪を言わざる、と紹介されているから、明治期まではこちらの意味で使われていたのだろう。しかし、海外にも三猿があることは確かで、私も、三猿の置物をパリの繁華街のショーウィンドーで見たことがある。

蛙は縁起がいいというのも、本来は外国の俗信であった。それが日本に入ってきて、使ったお金がカエル、去っていった恋人がカエル、という語呂合わせになった。もっとも、こちらは半分ほどは、もとの外国の俗信を継承している。語呂合わせという点と、お金に関わる縁起ものだという点である。

その外国というのは支那である。支那では、蛙は縁起がいいとする俗言があるのだ。

支那語は、一語が一音節で出来ている。そうすると類似音が多くなるため、声調による区分が発達する。簡単に言えば、アクセントによって単語が別のものになるのだ。こうした支那語を文字表記した漢語が、声調の区別のない日本語の中で使われるため、漢語には同音異義語が多くなってしまう。それを利用して語呂合わせもよく行なわれるが、支那語でも、声調を変えたり音を少し変えたりする語呂合わせはさかんである。

縁起がいいという蛙の置物は、本当は蛙ではなく蟾（ひき蛙、がま）である。日本では、月には兎《うさぎ》が住んでいるというが、支那では蟾が住んでいるという。月そのものを蟾で象徴するぐらいだから、特に気味悪くは思われていないのだろう。「蟾」は「せん」と読む。漢方薬では、蟾の有毒分泌物を強心剤として使う。これを「蟾酥《せんそ》」という。「酥」は乳液といったところだ。さて、「蟾《せん》」は「銭《せん》」と音《おん》が同じである。支那語でも近似音である。それで、蛙をお金の象徴としたのだ。支那料理店のレジの脇には、蛙の置物が金運を招くべく坐《すわ》っている。

支那料理店の壁に色鮮やかな「福」という文字が飾ってあるのもよく見る。ただ、その「福」はたいてい転倒して「福」となっている。日本人なら、福がひっくり返っていては縁起が悪いと思うところだが、そうではない。これは、福が「倒＝到」で到るのだ。

鹿も支那人に縁起ものとして好まれる。「中原《ちゅうげん》に鹿を逐《お》う」という言葉がある。中原とは黄河流域の支那中心部、鹿は帝位の譬《たと》えである。同時に、音が「鹿《ろく》」、これが「禄《ろく》（給料）」を象徴している。

鹿は、日本でも春日《かすが》明神のお使いとされるぐらいだし、見かけも美しい。これが縁起ものとされるのもよくわかる。しかし、蛙＝蟾と同じように、ちょっとグロなものも、支那人は縁起ものとして好む。蝙蝠《こうもり》である。音《おん》で読んだ「蝙蝠《へんぷく》」は「変福」に通じる。不幸を幸福に変化させる縁起ものというわけだ。

蝙蝠は害虫を食ってくれるので、日本でも昔は嫌われておらず、建物の装飾紋様などにも使われた。カステラの福砂屋も、「福」とかけた蝙蝠の紋様が商標になっている。

すし屋の数詞

最近の言葉で嫌なものは何ですか、というアンケートが私のもとに来たら、挙げたいと思っているものがいくつかある。そのどれもが乱れた若者言葉ではない。乱れた若者言葉は、私はむろん好きではない。しかし、若者言葉なんていつの時代でも乱れているものだし、その若者もやがてそれなりに成熟して、若者言葉など卒業してゆく。さほど目くじらを立てるほどのことではない。それよりも、いい大人がバカな言葉を口にしていることの方が問題だ。いい大人のくせにバカな言葉を口にしているようなら、いつまでたってもバカな言葉を卒業しないからである。

さて、その嫌な言葉の一つが、「かん」である。といっても、何のことだかわからないだろう。「一かん」「二かん」の「かん」である。といっても、やはり何のことだかわからないだろう。実は私もよくわからない。「貫」と書いてあるのを見たこともあるが、重量の単位ではない。「カン」と書いてあるのも見たことがあるが、別に外来語ではない。なんでも江戸時代の料理の本だかに出てくる由緒正しい言葉だそうな。

これは、握りずしを数える時に使う数詞（助数詞とも言う）であるという。すし屋で握りを一人前注文すると皿の上にすしが八箇とか十箇とか盛られて出てくる。これが正式の数え方では「八かん」とか「十かん」だ、というのだ。週刊誌などの食通ものの記事で、二十一世紀に入る頃からよく見かけるようになった。

私は食通などというほどではないが、すしは好きである。高級店には行けないが、それでも、回らないすしを食う程度のゼータクはできる。そんなふうにして四十年も五十年も何十軒という店ですしを食い続けてきた。しかし、どんなすし屋でも「かん」などという数詞を使っているのを聞いたことはなかった。「箇（個）」である。それで何の不都合もない。江戸時代の古書をひっくり返し、聞きなれない言葉を探し出してきて得意気に使う必要がどこにあるのだろう。実に愚劣なことである。

すし屋には独特の符丁《ふちょう》がある。お茶を「あがり」、勘定を「おあいそ」というたぐいだ。これを嫌悪する人もいるが、こういう隠語はどんな業界にもある。笑って放っておくのが大人だろう。すし屋の湯呑《ゆの》み茶碗や暖簾《のれん》には、煩瑣《はんさ》な魚偏の文字が書いてある。「鰡」と書いて「ぼら」、「鰤」と書いて「かます」などというたぐいだ。これもくだらないことだが、まあ御愛敬である。大人なら、これも笑って放っておきたい。どちらも、一種の冗談のようなものだからだ。しかし、「箇」を「かん」と言い換えて得意なのは、本気なだけに醜悪である。

この「数詞」は、意味もなく日本語を複雑にしている。だからといって、全廃してしまうのがいいとは思わない。正しく使える人は使えばいい。しかし、わざわざおかしな数詞を探し出し、それが正式の数え方だとするのが愚劣だというのだ。

大人でも若者でもちゃんと使いたい数詞も当然ある。こちらは「箇」を使ってはいけない例だ。年齢を表現する「一つ」「二つ」である。

●彼は私より二コ年上です。

これは若者言葉の中の悪い例である。正しく「二つ」と言うべきである。もし、

●北海道には五コの時から住んでいる。

と言うなら、許す。一貫性があるからだ。

●妖怪一コ目小僧

●一コ出たホイのヨサホイノホイ
●三コ揃いのスーツ
●三時のお八コは文明堂

とも言ってほしい。若いんだから、それぐらい元気じゃなきゃいかん。

大人、それも新聞記者が、おかしな数詞を使っているのを見たことがある。産経新聞（一九九七年七月十九日付）である。北朝鮮の経済的逼迫《ひっぱく》を報じた記事に、こうあった。

「自由市場では、フランス製の靴が片方（一足）だけ売られていた。北朝鮮は外貨稼ぎのために外国の廃棄物処理を引き受けており、住民たちがそのゴミの中から目ぼしいものを探して店頭に並べている」

靴は両方揃って「一足」である。朝鮮語でも両方揃って「一《ハン》ギョレ」である。英語でもフランス語でも靴は複数形で使う。「片方」と書いて、わざわざかっこして（一足）と注記するのは、どういうつもりだろう。それこそ（一つ）か（一コ）でよかったのだ。

黒幕様、容疑者様

朝日新聞社の「報道と人権委員会」で、報道における容疑者などの呼称について議論が交わされたという（朝日新聞二〇〇一年十一月二十四日付）。

朝日新聞が容疑者などの呼び捨てをやめたのは一九八九年十二月からだが、今回、あらためて議論になったのは、同時多発テロの主謀者と目されるオサマ・ビンラディンに「氏」をつけることへの違和感を訴える声が寄せられているからである。「ビンラディン容疑者」とできるなら問題はないのだが、彼は法律上まだ容疑者にはなっていない。政治組織の指導者なら「議長」などの肩書をつければいいのだが、彼にはそういうものもない。ただの黒幕である。やむなく「氏」をつけているのだという。それなら、「オサマ・ビンラディン黒幕」とすればいいじゃないかと、私なら思うのだけど。

そもそも、頻繁に使われる「容疑者」という呼称が変なのだ。

通常、歴史上の人物には敬称をつけない。また、スポーツ選手や芸能人も、インタビューなどを除く客観記述の場合には、敬称をつけない。こういう名前は、固有名詞でありながら普通名詞のように公的なものになっているからだ。「ピタゴラスの定理」とは言うが、呼び捨ては人権侵害だからというので「ピタゴラスさんの定理」とは言わない。「バセドー氏病」も、最近では逆に敬称を省いて「バセドー病」と言うが、これでカール・フォン・バセドーの子孫から訴えられたという話は聞かない。

問題になるのは、犯罪報道の場合である。かつては、新聞でもテレビでも呼び捨てであった。ところが、十年ほど前から、容疑者はあくまでも容疑者にすぎないということで、呼び捨てをやめた。いわゆる「推定無罪」の原則を適用したのである。しかし、それなら普通に「さん」か「氏」をつければよい。罪人ではないけれどアヤシイというので「容疑者」という不自然な呼称が考案されたのだ。

もっとおかしなものが、有罪が確定した場合の呼称である。むろん、かつては呼び捨てであった。それを名前の下に「服役囚」をつけるようになった。仮に山田一郎という人ならら（実在の山田一郎さん、悪い例に出してすみません）、「山田一郎服役囚」と呼ぶのである。死刑判決が確定した場合は、「山田一郎死刑囚」である。それなら、罰金刑の場合は「山田一郎罰金受刑者」と呼ぶかといえば、そうでもないらしい。執行猶予の場合は「山田一郎執行猶予者」と呼ぶかといえば、これもそうではないらしい。

どうもおかしな時代になったものである。

こういう時代を予言していたような話が中里介山《かいざん》『大菩薩峠《だいぼさつとうげ》』に出てくる。旧角川文庫版で全二十七巻、それでなお未完という大長篇は、大正初めから新聞小説として連載されたものだ。中に興味深い話がいくつも出てくる。敬称問題もその一つである。

物語の重要な脇役に、道庵《どうあん》という医者がいる。江戸の下町に住み、気取らない人柄で長屋住まいの連中に慕《した》われている。庶民の味方といった医者である。

この道庵、ある時、長屋連中を呼び集めて宣言する。医術とは、本来、貴賤《きせん》貧富によって人を差別しないものである。自分はこの「平等説」を実行しているが、まだ人間を差別的に見る癖があって、まことにお恥ずかしい」。今後はこの平等説を徹底したい。ついては、その手始めとして、すべての人を呼び捨てにすることなく「様」をつけて呼ぶことにした。もし、誰かを呼び捨てにしたら罰金百文を払う、と。

長屋連中は、驚くやら喜ぶやら。それなら、石川五右衛門のような盗賊にも「様」をつけるのか、と問う。道庵先生答えて、「悪い奴にも、いい奴にも」「天のような広い心」で臨むべし、とにかく人の名前なら必ず「様」をつける、という。では、「知らぬ面《かお》の半兵衛」や「川流れの土左衛門」にも「様」をつけるのかと、再度問われて、道庵先生、もちろんと答える。長屋連中大喜び。これで小遣いに不自由しなくなる。道庵先生がいくら気をつけていたって、「助平」や「呑《の》ん兵衛」には「様」をつけ忘れるに決まっているからだ。

この話の背景には大正デモクラシーがある。介山はユートピア的なデモクラットであったが、あるいは平等思想が喜劇にしか終わらないことに気づいていたのかもしれない。既に一世紀も前に、呼称問題の愚《ぐ》は笑いの的《まと》になっていたのである。

豆腐で考えるこんにゃく問答

二〇〇一年十一月二十八日付の朝日新聞夕刊（名古屋本社版）に、名古屋銀行の広告が載っていた。いわゆるイメージ広告、すなわち、直接的な宣伝ではなく、その会社のイメージを高めるための間接的な宣伝である。どうやらシリーズものらしく、「人には大切な時に、大切な人が要る――⑪再会」と、題名と連載番号が記してある。安西水丸のほんわかとしたイラストとともに、短篇小説のようなこんな話が出ている。

「豆腐の角に頭をぶつけて考え直しなさい」

「ハハハ、よく言ってたわね、藤栄先生ったら」

井上れい子さんが、小学校時代のままに

鼻にしわを寄せて笑っている。

あれから、二十五年。先生の還暦を祝おうと、十数人が母校の教室に集まり、先生を囲んだ。

「藤栄先生」という名前は、ふり仮名がないので何と読んだらいいのかわからない。珍しい名前である。それが話にリアリティを与える。作り話ではない、実際にあった話だ、と。厳格ではあるが人情味のある藤栄先生の懐かしい思い出……なのだが、この話、本当なのだろうか。

藤栄先生がよく言っていたという「豆腐の角に頭をぶつけて考え直しなさい」の意味がわからないのだ。豆腐の角に頭をぶつけると、何かいい知恵でも浮かぶのだろうか。

普通、「豆腐の角に頭をぶつけて」の後に続くのは、「死んでしまえ」である。豆腐に頭をぶつけて死ぬ人間がいるはずはないが、性根《しょうね》のすわらない軟弱な奴なら、そんなこともあろう。お前のような奴には、そういう情けない死に様《ざま》がふさわしいぞ。という罵倒《ばとう》の慣用句である。

藤栄先生は、小学校の先生だから全教科を教えるけれど、本来は国語の先生らしい。国語の先生が日本語の慣用句を正確に使えないとは思えない。まして、二〇〇一年に還暦なら、一九四一（昭和十六）年生まれだから、この慣用句は幼い頃から慣れ親しんで用いてきたはずである。

とすれば、藤栄先生のこの話、もとの話を改変したものだろう。あるいは、そもそも全部作り話なのかもしれないが。

では、なぜ改変したのか。「豆腐の角に頭をぶつけて死んでしまえ」を、意味の通らない「豆腐の角に頭をぶつけて考え直しなさい」に、なぜ改変したのか。

教育者が児童生徒に「死んでしまえ」と言うのはまずい、という配慮からである。子供の人格を認めない教育はケシカラン、ということなのだ。驚くべきことに、この「子供」という用字も、同じ理由から使えなくなりつつある。「供」は「お供」を意味するから、大人の付属物のようで、人格を無視している、というわけだ。

「共《とも》かせぎ」という言葉も、マスコミから抹殺された。「共働き」としなければならない。「かせぐ」という語に偓促《あくせく》ガツガツした貧しさが感じられるからだ。生活のための共かせぎではなく、男女共同参画社会実現のために働くのだ、というわけである。

毎年発表される長者番付から、「土地成金」という言葉も消えて久しい。「土地長者」と言い換えられるようになった。「成金」とは、将棋で歩《ふ》が金《きん》に成ることである。これになぞらえて、土地を売っただけで大金持ちになった人を「土地成金」という。これを「土地長者」としたのでは微妙なニュアンスが伝わらない。

どうも薄っぺらな正義が支配するブリッコ社会が出現しつつあるようだ。

先日、大学の講義で、次の諺の意味を学生に尋ねてみたが、誰も答えられなかった。

●癩の瘡うらみ

いや、意味どころか、そもそも誰一人読めなかった。これは「かったいのかさうらみ」と読む。意味は、各自辞書で確認していただきたい。この諺《ことわざ》に込められた人間心理の複雑さに納得することと、病者の法的権利を擁護することは、完全に併立するはずだし、そうでなければ厚みのある豊かな文化は築けないではないか。

【補論】

二〇〇六年十月二十五日付の朝日新聞夕刊の同じ名古屋銀行の広告には「豆腐の角で頭をぶつけちゃいなさい!」と出ている。この広告主はどうも豆腐の角が大好きなようだが、それにしてもますますわけがわからん。

後世当てはめた象形文字

漢字は、その成り立ちや用法によって、伝統的に六種類に区分される。これを六書《りくしょ》という。小学校や中学校の国語の授業でも、大雑把に習ったはずだ。詳しく話し始めるときりがないので、大雑把に習ったことを、さらに大雑把に思い出していただければ、それでいい。

六書の中で、一番わかりやすく、子供心にも面白く感じられるのが「象形」である。事物を象《かたど》った絵文字のようなものだからだ。「山」という字を見ると、なるほどと思えてくる。

しかし、象形の漢字はそんなに多くはない。事物を象ることによって表現できる語《ワード》（漢字は語を表す）など、たかが知れているからだ。最も多いものは、「形声」である。これは、音《おん》を表す「声符《しょうふ》」と、意義（意味）を表す「義符《ぎふ》」から成っている。意味を表す偏《へん》と読みを表す旁《つくり》の組み合わせがその代表である。水を意味するサンズイ偏に「羊《よう》」がついて「洋」、「工《こう》」がついて「江」、「永《えい》」がついて「泳」……。というものだ。この方式だと、いくらでも漢字をふやすことができる。相撲《すもう》の世界では、兄弟子という字は無理偏に拳骨《げんこつ》と書く、などというのも、漢字の形声を踏まえた洒落《しゃれ》である。

ところで、この六書という区分、実は全部の漢字について確定されているわけではなく、学説によって見解が分かれるものもある。「金」もその一つである。

通説では、これは形声とされる。上部が「今」で、これが声符となり、キン。下部が「土」の中に砂金が左右二粒で、これが義符。という解釈で、たいていの漢和辞典はこの形声説である。

しかし、独創的な漢字学者白川静の説では、「金」は象形である。金属を鋳込《いこ》んだ形だというのだ。金石文《きんせきぶん》の漢字を時代を追って検証した上での結論だが、シロート目にもインゴットの象形に見えるところが面白い。

さて、「金」が通説のように形声だろうと、白川説のように象形だろうと、それとは関係なく「金」は象形として使われ、しかも、多くの人はそれが象形だと気づいていない、という話をしてみよう。

二〇〇一年三月四日の朝日新聞に、東洋書林の書籍広告が掲載された。東洋書林は、歴史・地理の専門書の出版社である。その広告に、M・レーナーの『ピラミッド大百科』も出ている。「現存するすべてのピラミッドを徹底解剖」した大著で、定価が一万二千円もするから、ピラミッド学の集大成のような一冊である。

それはいいのだが、アオリの惹句《じゃっく》に思わず笑ってしまった。こう書いてあるのだ。

「エジプト学の金字塔　待望の日本語版！」

『ピラミッド大百科』が「エジプト学の金字塔」だなんて、「戦争責任追及、ナチスを卍《まんじ》固め」と言っているようなものだ。冗談広告なのだろうか、それとも由来を知らないで書いたのだろうか。

「金字塔」とは、記念碑のような輝かしい業績という意味である。しかし、この「金」は、黄金のように輝くという意味で使われてはいない。金という漢字の形の塔、すなわちピラミッドのような後世に残る業績、という意味なのである。後で当てはめた象形といったところだ。

『ピラミッド大百科』が「エジプト学の金字塔」なら、『金字塔大百科』は「エジプト学のピラミッド」になるわけだ。

この広告、広告部員のユーモア感覚の表れだと考えたい。

さて、「金字塔」がピラミッドのことだとなると、当然ながら、漢籍や日本古典文学には出てこない。エジプトの知識が西洋経由で入って来た明治以後使われるようになった言葉だ。『日本国語大辞典』(小学館)では、古い用例として、上司小剣《かみつかさしょうけん》の『父の婚礼』の次の一節を挙げている。

「海苔《のり》巻《ま》き鮓《ずし》を金字塔の形に盛り上げた鉢」

上司は、一八七四(明治七)年に生まれ一九四七(昭和二十二)年に亡くなっている。彼が活躍していた頃は、単に字形だけに譬《たと》えて、ノリマキの鉢盛りの形容に使われていたのだ。ノリマキの業績をほめたたえるはずもないのだけれど。

後で当てはめた象形は、表音文字のアルファベットを使用する英語にもある。Uターンu-turnがそうだ。これが日本英語ではなく、れっきとした英語であることが面白い。

省略語の由来

『広辞苑』の第五版が出た時だった。「どたキャン」という言葉も載っています、というのが売りの文句になった。これに対し、一斉に批判の声が起きた。いつまで残るかわからないような流行語・俗語を採録する必要はないではないか、というのだ。私も同感である。説明がなくたって「土壇場《どたんば》でキャンセル」の省略形だと誰にでもわかるはずだ。

俗語や略語には、本来の意味がわからなくなり、誤用されがちなものもある。

●彼は写真の腕前は玄人肌《くろうとはだ》である。

という文章を見たことがある。出典不明なのはこの文章を読んだ時、なんか変だなと思いながらメモをとっておかなかったからだ。後に、やっぱり変な文章だったと気づいた。

この文章を書いた人は、本来、こう書きたかったのである。

●彼は写真の腕前は玄人はだしである。

「し」一字のちがいだが、「腕前は玄人肌」はおかしい。「玄人はだし」とは、玄人も、下駄を履《は》く余裕さえなく、はだしで逃げ出すほどだ、という意味を略した俗語である。もっとも、これとは別に「肌」という語をつけて、その人の気質を表す言い方もある。

●彼は学者肌の人である。

これで少しもおかしくはない。また、次の文章もおかしくはない。

●彼の研究は学者はだしである。

『新明解国語辞典』（第二版）には、「はだ」と「はだし」に次のような用例がある。

●学者はだの人。

●専門家はだし。

確かに似ている。だが、それならば、この二つは相互に入れ換え可能かというと、そうでもない。

●学者はだし。

これはおかしくないが、次はおかしい。

●専門家はだの人。

次の二例を比較すれば、もっとよくわかる。

●彼の釣りは漁師はだしだ。

●漁師肌の男。

後者だと、肌の色が赤銅色《しゃくどういろ》に日焼けしているようだ。

「まゆつば」という言葉もよく使われる。これも省略語だが、由来はさらにわからなくなっている。もとの形は、「眉《まゆ》に唾《つば》をつける」で、だまされないように眉に唾をつけること、あるいは、眉に唾をつけないとだまされそうな話、という意味である。ここまでは、誰でも知っているし、辞書にもそう書いてある。

では、だまされないことと眉に唾をつけることに何の関係があるのか。

これは、狐が人間をだます時、眉毛の数を数えることに由来する。眉毛に唾をつけて狐に数を数えられないようにするのだ。

といったところで、やはり全然わからない。狐が人間をだますのは、民話ではおなじみだからいいとして、それと眉毛の数と何の関係があるのか。また、唾をつけるとなぜ数が数えられなくなるのか。

一般的に、妖異のものは、文字と計数に弱い。文字も計数も、人間の文明の力の象徴だからである。魔除けの札に文字が書かれるのはそのためだ。また、数の多いものも魔除けに使われる。ザルやワラジのように目の多いものを門口《かどぐち》に置いたり、神社に奉納するのは、これである。節分の豆まきも、豆の生命力とともに、撒《ま》きちらされる数の多さにも霊力があるようだ。西洋でも、墓場からさまよい出る屍鬼《しき》が来るのを防ぐため、家のまわりに穀物を撒いておく俗習があるらしい。穀粒を数えているうちに朝になり、日の光を浴びてあせって墓に逃げ帰るという。

どうも、妖怪や魔物はバカである。国語と算数が苦手なのだ。

我が狐も同類で、眉毛の数を数えて人間に勝とうとする。すなわちだまそうとする。数えられると人間はだまされてしまう。そこで、人間の方は、数えにくくするため、唾をつけて眉毛を固める、というわけだ。さらに、唾そのものに霊力があるとも考えられていた。俵藤太《たわらとうた》がムカデ退治の時、矢の先に唾をつけたのも、唾の霊力に頼ったものだ。霊力のある唾で眉毛を固め、狐にだまされないようにする、というのが「まゆつば」の由来である。

これ、南方熊楠《みなかたくまぐす》もそう書いているので、まゆつばではない本当の話。

猿でええよ

良、善、好、吉。これらの漢字は全部「よし」と読む。現代語なら「よい」である。それがさらに口語的に崩れると「いい」になる。中部以西では「ええ」である。

ところで、豊臣秀吉は顔が本当に猿に似ていたのだろうか。

ところでって、ちょっと唐突すぎたかもしれない。しかし、最後まで読んでいただくと、ちゃんと話はつながる。

豊臣秀吉といえば、猿面《さるめん》。肖像画でも芝居でも、顔が猿に似ていたことになっている。出仕した織田信長も、猿よ猿よと呼んだ。

このあたりのことは、『太閤記《たいこうき》』にも出てくる。『太閤記』と名のつくものにはいくつか種類があるのだが、小瀬《おぜ》甫庵《ほあん》の『甫庵太閤記』が最も資料的価値が高いとされる。とはいうものの、そこに書かれていることが正しいという保証はなく、伝説に基づく話が入っていたり、逆に抜け落ちていることもある。成立が最も古い部類に属する『太閤記』だ、という意味である。

その『甫庵太閤記』から引用してみよう（岩波書店「新日本古典文学大系」版を参考に、現代語訳した）。

〔信長公に初めてお目見えすると〕信長公は、秀吉の正装ぶり・起居振舞《たちいふるまい》を御覧になり、笑い出してこう言われた。顎骨《あごぼね》あたりの面《つら》がまえは猿に似ている。軽薄にも見えるが気立てはよさそうだ。そう言って召し抱えられた。

その後も、さほど多くはないが確かに「猿め」と呼ぶ箇所も出てくる。

〔清須城の城郭の屏《へい》が百間《けん》ほど崩れた時、他国が狙っている当今、修理を急がないと危険だ、と秀吉が呟《つぶや》いていると〕それを信長公はお聞きになって、「猿めは何を云《い》うぞ、何事ぞ」と問われた。

秀吉の顔が猿に似ており、主君から「猿よ」と呼ばれた事実は、どうも動かしがたいようだ。しかし、それでも、私には疑問が残る。顔が猿に似ていることが、我々が今考えるようなネガティブなことだったのだろうか。むしろ、秀吉当人はどこかそれを誇らしく思っていはしなかっただろうか。

『太閤記』の冒頭は、よく知られた秀吉誕生の話で始まる。秀吉の母は、懐中に日輪が入る夢を見て懐妊した。それで、秀吉の幼名を日吉（丸）とした、というのだ。

秀吉の誕生年はそこには記されていないが、他の記述から考えて、一五三六（天文五）年である。実は、この年は申年《さるどし》なのである。

生まれ年の干支《えと》の動物を自分の守護神のように考えたり、自分のシンボルのようにすることは現代でもある。まして、今から五百年近い昔、秀吉が自分の干支の猿に親しみを感じなかったとは思えない。

幼名の「日吉」は、日輪を表してはいる。だが、これも猿に関係がある。「吉」は、初めに書いたように、「よし」と読む。だから「ひよし」でいい。しかし、「よし」は「よい」になり、さらに「いい」「ええ」となる。「日吉」は「ひよし」だけではなく、「ひえ」でもある。

東京永田町に日枝《ひえ》神社がある。太田道灌《どうかん》が江戸城内に祀《まつ》り、後に現在の場所に移された。この日枝神社の旧称は日吉山王権現《ひえさんのうごんげん》である。このほかにも、日本全国に日吉《ひえ》神社・日《ひ》吉《よし》神社・日枝神社が数百社あるが、祭神は基本的に同じである。これらの総大社は、滋賀県坂本にある日吉大社である。これは「ひよし」とも「ひえ」とも読む。

滋賀県坂本というと、いささかなじみが薄い。しかし、これは比叡山《ひえいざん》のことである。日本仏教の総元締《もとじめ》のような延暦寺のある比叡山は、京都と滋賀にまたがっているのだ。その比叡山には、延暦寺以前から、日吉《ひえ》神が祀られていた。「比叡」という名は「日吉」に由来するものである。

日吉神は山神であるから、猿がそのお使いである。「山王（日吉神）のお猿さん」として手毬《てまり》歌にも古くから歌われているほどだ。

申年に生まれ、猿をお使いとする日吉神にちなむ名を幼名とした秀吉は、確かにいくらかは猿に似ていた面貌《めんぼう》を、むしろ自分の誇りにしていたのではないだろうか。

神の言葉

書家の石川九楊が朝日新聞（二〇〇二年三月三十一日付）の読書欄で、こんなことを書いている。

「『幸福なるかな心の貧しき者。天国はその人のものなり』や『善人なをもて往生をとぐ、いはんや悪人をや』との逆説はなるほどすごい」

聖書に出てくるイエスの言葉と『歎異抄《たんにしょう》』に述べられている親鸞の言葉である。

神や仏の絶対性の前に、有限の存在である人間界の価値観は容易に覆《くつが》える。それは「逆説」のように聞こえる、というわけだ。

確かにこれらの言葉は逆説的であり、それ故に衝撃的である。しかし、親鸞の言葉は、わかりやすい逆説であるのに、イエスの言葉は、少しわかりにくい逆説である。

親鸞は、本当は悪人が極楽往生できるんだよ、と言っている。逆説ではあるが、常識をひっくり返しただけだと言えなくもない。しかし、イエスの言葉は、もう少し複雑である。もしこれが、「心の」を省いた次のようなものであったら、どうか。

●貧しい者は幸福である。天国はその人のものだから。

誰でも金が欲しい。金持ちになって幸福になりたい。貧しさを望む者などいない。しかし、イエスは言う。貧しい人たちよ、あなた方は幸福なのだよ。なぜならば、永遠の平安の国である天国は、あなた方のような貧しい人たちのためにこそあるのだから。

もしこうなら、逆説ではあるけれどわかりやすい。

貧しい生活をする「心の豊かな者」がいる。貧しい者同士で助け合い、信仰心厚く、つましいけれど篤実《とくじつ》で心豊かな生き方をしている。そういう人は、為政者や富裕者から蔑《さげす》まれがちだが、神はこれを嘉《よみ》し給《たも》う。こういう人たちのために天国は準備されている……。

つまり、天国は、フトコロは貧しいが心の豊かな者のためにある、というわけだ。しかし、「心の貧しい者」だと、どうか。

心がすさんでいる者がいる。経済的に豊かなのか貧しいのかはともかく。残忍で陰湿で、その上、小心で猜疑心《さいぎしん》が強く自己中心的な「心の貧しい者」がいる。神はこれを嘉し給い、こういう人たちのために天国を準備された……のであろうか。そうは思えない。それで、聖書のこの箇所の訳文や解釈が分かれることになる。

最も標準的な日本聖書協会や日本聖書刊行会の「マタイ福音書」(五・三)では、石川九暢が引用した通りの、我々が広く知る言葉になっている。

●こころの貧しい人たちは、さいわいである。天国は彼らのものである。(聖書協会)

●心の貧しい者は幸いです。天の御国《みくに》はその人のものだからです。(聖書刊行会)

表記上・表現上のちがいがあるだけで、実質的には同じである。しかし、フランシスコ会の聖書では、こうなっている。

●自分の貧しさを知る人は幸いである、天の国はその人のものだからである。

標準的な邦訳とずいぶんちがうし、よけいわかりにくい感じがする。そのためだろうか、ここに注がつけられている。

「一般には『心の貧しい人』と訳されているが、直訳では『霊において貧しい人』」

しかし、「霊において貧しい人」でもやっぱりわかりにくい。キリスト教原理主義の一宗派であるエホバの証人が刊行する「〔原文に〕忠実で良心的な翻訳」である新世界訳聖書では、こうなっている。

●自分の霊的な必要を自覚している人たちは幸いです。天の王国はその人たちのものだからです。

英語訳聖書では、ここの箇所はThe poor in spiritである。どうも、フランシスコ会版聖書の、それも、本文ではなく、注が正しい訳であるらしい。

日本基督教団の『新約聖書略解』には、次のような説明がしてある。

本来、これはただ「貧しい者」であった。そこに福音書作者マタイが「心の」を付け加えた。なぜなら、イエスは、物質的な欠乏より心の欠乏が重大だと考えていたからである。経済的な救済ではなく、心の救済を求めている人が、神の助けを待っている、としたのである。

前後関係から見て、この解釈が妥当だろう。しかし、それなら新世界訳聖書の「霊的な必要を自覚している人」が一番正しい翻訳だということになるが、エホバの証人たちの使っている聖書が正しいということで、いいのだろうか。どうも聖書解釈はやっかいである。

存在と無

哲学の一分野に存在論という学問がある。存在とは何かについて研究する学問だ。存在とは何かってたって、ものがあるから存在じゃないか、研究もへったくれもあるもんか、と思いがちだが、そう単純ではない。存在の反対は無である。しかし、無というからには、何もない空間だけは存在している。そうすると、空間が存在しているのだから、それは無ではないことになる。

というように、実に玄妙で奥が深い学問なのだ。いや、御心配なく。難解な哲学談義をここで始めようというのではない。マンガの話をしたかったのだ。

マンガには擬音表現が多用される。銃声、飛行機の爆音、足音……。どれもおなじみのものだ。こういう擬音表現が多いからマンガは低俗文化だ、という批判がある。しかし、擬音表現が多いのは、日本語の特徴でもある。マンガと日本文化は深い関係があるのだ。
無音を表す「シーン」という擬音も、日本のマンガ特有の表現である。飢饉《ききん》で村人が死に絶えた村、誰もいない神秘的な湖、こんな場面で「シーン」が使われる。これは外国語に翻訳できない。そもそも、無音の擬音というのが、無の存在と同じくらい論理矛盾なのである。

この「シーン」は、我々は当たり前に思っているけれど、そもそも何なのだろう。

辞書には「しん」で出ている。これが強調などのため長音化したのが「しーん」である。それならもとの形の「しん」は擬音語もしくは擬態語なのだろうか。我々は既にマンガの「シーン」を知ってしまっているので、「しん」も擬音語か擬態語だと思いがちだが、どうもそうではないようだ。

大槻文彦の『大言海』（冨山房、一九三二年〜）では、「深《しん》」ではないかと推測している。

確かに、「深山幽谷《しんざんゆうこく》」（人里離れた山や谷）という言葉があるし、杜甫《とほ》は戦《いくさ》で荒れ果てた国を「草木深《そうもく》し」（草や木が生《お》い茂るばかりだ）と詩《うた》った。「深《しん》」には、人語《じんご》の絶えた静けさが感じられる。

マンガ表現には、もう一つ、無そのものを表すことができるという特長がある。

マンガは絵画の一種であるが、普通の絵画では無を表現できない。もちろん、禅画のように宗教的な表現なら、白紙に墨で大きな円を描き、これが禅の精神「無」じゃ、と言うこともできるけれど、具体的・写実的に無を描くことはできない。

●机の上にりんごがある。

これはどんな凡庸《ぼんよう》な絵描きでも表現できる。

●机の上にりんごがない。

これはたとえ大天才ダ・ヴィンチでも表現できない。りんごがないというのなら、何も載っていないただの机になってしまう。

マンガだと、どんな凡庸なマンガ家でもこれができる。二コマものにして、一コマ目に机とりんご、二コマ目に机だけ、としてもよい。一コマものにして、机の上に点線でりんごを描き、周囲に煙状の線をあしらって消えたことを表してもいい。

正確に言えば、これは「無」ではなく「不存在」か「消失」であるが、普通の絵画にはできない芸当である。

話を言葉の方に戻そう。

先ほど、何もない空間は、空間が存在しているのだから無ではないと言った。よく考え

てみると、そうだ。それなら、

●机の上にりんごがある。

というのは全然おかしくないのだけれど、

●机の上にりんごがない。

というのもおかしいことになる。りんごがないだけでなく、みかんもバナナもパンもジャガイモも、何もないのだ。りんごは存在してこそりんごである。存在しないりんごがどうしてりんごだと言えるだろうか。

我々は、存在するりんごも存在しないりんごも、同じように「りんご」と呼んで少しも不思議がらないけれど、この二つを区別する言語もある。

ロシヤ語では、名詞が主格・生格・与格・対格……というふうに全部で六変化する。このうちの生格の用法の一つに「否定生格」がある。ないものには否定生格が使われる。

●机の上にりんごがある。

●机の上にりんががない。

日本語になおせば、こんなふうに語尾を変化させるのだ。学生時代にロシヤ語をほんの少し齧《かじ》った時、哲学の木の実を齧ったような気がした。

「ローマびと」か「ローマじん」か

どこで読んだのか忘れたのだが、建築工事現場などで見かける「御迷惑をおかけしています」という人形の看板にも名前があるらしい。名前といっても、○○さんといった固有名詞ではない。人種、というのもおかしいが、一種の分類の名称である。「おじぎびと」というそうな。

通行人に謝っておじぎをしているのだから「おじぎびと」で不思議はないのだが、語感がユーモラスで、しかも雅《みや》びな感じもして、私は気に入っている。

以前、アメリカの地下鉄の駅構内などに住む浮浪者たちをルポルタージュした本が出版された。日本の浮浪者たちは、公園や橋の下にブルーシートや段ボールで住居を作っているけれど、ニューヨークでは、地下鉄のトンネル部分などに住んでいるらしい。著者のジエニファー・トスは、こうした「地下生活者」を『モグラびと』（渡辺葉訳、集英社）と呼ぶ。これも、訳者の見識をうかがわせるなかなか魅力的な言葉だ。

水木しげるの『悪魔くん』には、天才少年悪魔くんを助ける使徒の一人として「ヤモリビト」が登場する。数奇な運命と崇高な使命の融合が感じられて、これも味のある言葉になっている。

私がこれらの言葉に好感を覚えるのは、「～ひと（びと）」という言い方だからである。別段、これが正しいというわけではない。こういう言い方もあるはずなのに、現在ではあまり使われなくなっているのが残念なのだ。

よく使われるのは、「～人間」「～人《じん》」「～人《にん》」である。「人造人間」「鉄人ルー・テーズ」「イベントの仕掛人」など、現代の造語はほとんどこれである。

「～ひと」のほうは、「恋人」「旅人」「小人」「付き人」「世捨て人」「雲上人《うんじょうびと》」など古くからある言葉で、現代の造語は見当たらない。シューベルトのピアノ曲に「さすらい人」があるが、西洋音楽の邦訳名だから、比較的新しく、造語風でもある。その分、普通名詞にはなっていない。

さて、新約聖書の中に「ローマ人への手紙」という篇がある。略して「ロマ書」とも呼ぶ。続く「コリント人への手紙」「ガラテヤ人への手紙」など全十四篇がパウロ書簡（使徒パウロの手紙）である。これらを何と読むか。「ローマびとへの手紙」なのか「ローマじんへの手紙」なのか、「コリントびとへの手紙」なのか「コリントじんへの手紙」なのか。

本来は「ローマびとへの手紙」「コリントびとへの手紙」である。日本聖書協会の聖書でも、日本基督教団の『聖書事典』でも、そう読んでいる。

新約聖書の中核を成す福音書（マタイ、マルコ、ルカ、ヨハネ）に出てくるイエスの敵対者「パリサイ人」「サドカイ人」も「パリサイびと」「サドカイびと」である。見知らぬ旅人を助けた隣人愛あふれる「善きサマリア人」も「善きサマリアびと」である。

ところが、最近の翻訳では、これを「ローマじんへの手紙」「コリントじんへの手紙」「パリサイじん」「サドカイじん」「善きサマリアじん」とふり仮名をつけるものが出てきた。どうも感心できない。

「～ひと」という言い方は、漢籍の訓読の伝統から来ている。

『論語』には、こんな言葉が出てくる。

「誰か鄹人《すうひと》の子《こ》を礼を知るというや」

（鄹《すう》という村の出身者である孔子が礼法に詳しいだなんて、誰がそう言ったのか）

「魯人《ろひと》、長府《ちょうふ》をつくる」

（魯の国の人が、文書倉庫を作った）

また、荘子《そうじ》に、こんな言葉も出てくる。

「宋人《そうひと》に善《よ》く不亀手《ふきんしゅ》の薬をつくる者あり」

（宋の国の人に、あかぎれの薬を作る者がいた）

「越人《えつひと》、断髪文身にしてこれを用うる所なし」

（南方の越の国の人は、ざんばら髪で文身《いれずみ》をしているので、冠を用いない）

他にもいくらでも挙げることができる。千数百年に亙《わた》る漢文訓読の伝統の中ではぐくまれた読み方なのである。聖書の邦訳に際し、教養人がこの読み方を踏襲したのも当然だろう。また、キリスト教を信じない異邦人の思想書の読み方など踏襲する必要はない、と言われれば、それまでだけれど。「異邦人」は「異邦じん」でいいんだしね。

言わなくてもわかる

大学に通うため上京した時、東京言葉にとまどった話は、前にも書いたことがある。今回も同じような話だ。

十八歳の私は、雑貨屋や駄菓子屋など町の商店に入る時、とまどった。「店に入る時の言葉」が口に出せなかったのである。

こういう町の商店では、店番の人がいつも店舗部分にいるとは限らない。奥まった住居部分でお茶を飲んだりしている。客が店に入っても気がつかないことがある。そんな時、客である自分の存在を気づかせるべく店の人を呼ぶ言葉がある。

「ください」である。「くださいな」、「ちょうだいな」も同類だ。

私が生まれ育った愛知県では、これに該当する言葉がなかった。たまたま私の住んでいたあたりだけがそうだったのかもしれないが、聞いたことはなかった。柳田國男の『毎日の言葉』に「買物言葉」としていくつかの地方のものが収められているけれど、愛知県の買物言葉は記録されていない。それなら、店に入って何と言っていたか。定型的な言葉はなく、「あのー」とか、「ちょっとー」とか、「パンください」とかである。

「ください」にとまどったのは、それが初めて聞く言葉だったからではない。非論理的で異様な言葉に思えたからである。

「ください」には目的語がない。目的語を明示しない一般的な「ください」なんてあっていいのだろうか。「ごめんください」の略語だろうかとも考えた。これは、他人の家に入る無礼の許し（御免《ごめん》）を求めている。しかし、商店は、他人が入ることを歓迎しているのだから、客が「ごめんください」と下手《したて》に出ることはない。やはり、「ください」は目的語を明示しない非論理的な表現である。俺はこんな非論理的な言葉は使わんぞ、と決めた。

しかし、店に入って、奥にいる店の人が気づくまでボーッと立っているのも変である。しかたがないので「すみませーん」などと呼びかけるのだが、よく考えてみると、客が「すみません」と詫びるのもなお変である。ロゴス的《りくつっぽい》な私は大いに困ったのであった。

そのうち何年かして、私も「ください」と自然に言えるようになった。言葉には、目的語がない場合がいくらでもあることに気づいたからである。

●どうだ、飲むかい。

「抽象的に飲む」なんてことはないから、「水を飲む」のか「息を飲む」のか具体的に明示しなければならない……ということはない。「飲む」と言えば「酒を飲む」に決まっている。

これは英語でも同じ。drink は目的語が明示されていない時は自動詞で「酒を飲む」という意味である。

こんなこともあった。日本語がかなり上手なアメリカ人と話していた時のことである。私がアメリカの歴史について話をしたら、彼はこう言った。

「よく知てますネ。読んだのですか」

日本語なら「本で（本を）読んだのですか」と言う。「読んだ」だけが単独で使われることはない。しかし、英語の read には、他動詞として「文字を読む」「本や新聞を読む」という意味があるが、自動詞として目的語を取らず「読書する」「本を読んで知る」という意味もある。日本人である私が意外にもアメリカの歴史を知っていたのだから、それは

「本を読んで知ったのか」と、自動詞のreadで彼は聞いたのである。

落語の『湯屋番《ゆやばん》』に、銭湯の番台の主人と、番台の仕事をやりたがる青年のやりとりがある。青年がうらやましそうに言う。

「見えましょう」

「何が」

「何がだなんて、へん、ずるいぞ」

番台から見えるものは、いや、男が見たがるものは決まっている。しかし、番台を仕事にしている主人にとって、そんなものは眼中にないのである。

自動詞で、主語がその動詞の中に含まれているものもある。
●この部屋は、出るよ。
お茶が出るわけでもないし、石油が出るわけでもない。ユーレーさんに決まっている。まあ、南京虫さんやなめくじさんが出るような部屋もないわけではないのだけれど。

支那に待つ民、何億人？

ＮＨＫ教育テレビで、外国人向けの日本語講座をやっている。二〇〇二年八月十日の夜、チャンネルを合わせていると、偶然にこの日本語講座が目に入った。

さまざまな国の外国人留学生が登場し、日本での日常生活の場面を寸劇で再現しながら日本語の勉強をする、という番組である。全員共通語として英語はできるので、講師は英語で生徒たちに解説する。ＤＪの小林克也が講師である。

日本語の微妙な表現を外国人に英語でどう説明するかがわかって、なかなか面白い番組だ。しかし、困ったこともある。肝心の日本語が変なのだ。もちろん、外国人に完璧な日本語を期待することはできないし、日常会話では俗語やくだけた表現も交じってくる。それがむしろ当然で、顔形《かおかたち》の異なる外国人が新宿の街角で道を尋ねるのに、宮中の女官のような話し方をしたら、かえっておかしい。しかし、日本語初学者の外国人が、結果的にであれ正しい日本語を話しているのに、わざと俗語的な言い方になおさせるのは、これはもっとおかしい。おそらく、講師の小林克也に正しい日本語の知識が足りないのであろう。

その日は、日本語の数え方がテーマであった。

日本語には、漢語の数え方と和語（大和言葉）の数え方がある。漢語も、漢籍を読む場合と仏典を読む場合では少しちがう。また、慣習的な読み方もある。「一」を「いつ」と読むのが漢音で、漢籍を読む場合。「いち」と読むのが呉音で、仏典を読む場合。「ひと（つ）」と読むのが和語。といった具合だ。

漢音の例は、「統一」「一《いっ》にかかって」。呉音の例は、「一人前」「女の一念」。和語の例は、「一夜《ひとよ》」「一仕事」。このあたりは日本人でもまごつくところだ。

しかし、外国人に次のように教えるのはまずくはないだろうか。

「一本」は「いちほん」と読むな、「いっぽん」と読め、というのはいい。「二本」は「にっぽん」ではないよ、というのもいい。「三本」を「さんほん」と読まず「さんぼん」と読め、というのも、まあ、いいだろう。

しかし、留学生が「四本」を「しほん」と言ったのを小林克也が「よんほん」と言いなおさせるのはどうか。

「四本」は、「よんほん」でもいいが、「しほん」のほうがむしろ正しい。
●三、四本。
最近ではこれを「さん、よんほん」と読むことが多いけれど、正しくは「さん、しほん」である。
●四、五本。
これを「よん、ごほん」とは読まない。「し、ごほん」である。それと同じだ。「よん、ごほん」と読むぞ、と言い張る人には、次の例を読んでもらいたい。
●四、五百円。
これを「よん、ごひゃくえん」とは読まないだろう。「し、ごひゃくえん」である。

生徒である留学生は、おそらく大した根拠も自信もなく「しほん」と読んだのだけれど、結果的には正しかった。それを日本語講師が俗語風になおさせるのはよくない。

文春文庫にS・ワインバーグ『四億年の目撃者』シーラカンスを追って』という本がある。古生物ものが好きな読者には楽しい一冊だ。

さて、この「四億年」は何と読むか。奥付には「よんおくねん」とルビがふってある。

それでまちがいではない。まちがいではないけれど、それなら、大正時代に流行した『馬賊の歌』（宮島郁芳作詞、作曲者不詳）はどうか。

俺も行くから　君も行け
狭い日本にゃ　住みあいた
海の彼方にゃ　支那がある
支那にゃ四億の民が待つ

二十一世紀初めの現在人口十三億人の支那は、八十年前は四億《よんおく》人だった。しかし、「四《し》億《おく》」と読んでこそ、「支那」にかかるのである。
太陽王と称されたフランスの「ルイ十四世」は、ちゃんとした辞書・事典では「ルイじゅうしせい」で出ている。

六から十まで

前回に続き、数の読み方の話をする。ＮＨＫ教育テレビの外国人向け日本語講座「数の読み方」の、前回は、一から五までだったが、今回はその後半である。

講師役の小林克也は、生徒役の外国人留学生に次のように読ませていた。

●六本（ろっぽん）
●七本（ななほん）
●八本（はっぽん）
●九本（きゅうほん）
●十本（じゅっぽん）

このうち半分以上に疑問がある。「六本」を「ろくほん」ではなく「ろっぽん」とするのはいい。しかし、「七本」を「しちほん」と読むのをまちがいとして、「ななほん」と言いなおさせるのは、どうか。

これは、前回書いた「四本」と同じで、正しくは「しちほん」、聞きちがいを防ぐため便宜的に「ななほん」が通用しているだけである。黒澤明監督の傑作『七人の侍』は、「ななにんのさむらい」ではなく「しちにんのさむらい」だし、ビリー・ワイルダー監督の名作『七年目の浮気』も、「ななねんめのうわき」ではなく「しちねんめのうわき」である。

「八本」は、「はっぽん」でもいいが、「はちほん」で少しもまちがってはいない。「九本」も、「きゅうほん」でいいが、「くほん」と読んだらまちがいということになるだろうか。前回と同じ例だが、こう考えてみればわかる。

●八、九本。

これは、「はっくほん」か「はちくほん」である。「はっきゅうほん」と読むのはおかしい。年末恒例のベートーベンの『歓喜の歌』が入っている『合唱』は、交響曲第九番である。これは音楽愛好家は「だいく」と通称していて、「だいきゅう」とは言わない。略さないで言う時も「だいくばん」であって「だいきゅうばん」ではない。東京キューバンボーイズというラテン楽団があるが、これは「九番」ではなく、Cuban（キューバの）だから、もちろん別だ。

多くの人が誤解しており、残念ながら誤用も定着しつつあるのが「十本」を「じゅっぽん」とする読み方である。

「十」は「じゅう」と「じっ」の音読みがある。他に、特殊なものとして「しん」という読み方もある。杜牧《とぼく》の有名な『江南の春』に「南朝四百八十寺《しひゃくはっしんじ》」として出てくる。

この「しん」は例外と考えた方がいい。普通は「じゅう」と「じっ」である。ところが、「じゅう」に引きずられ「じゅっ」と読む読み方が広がっている。

岩波新書の榊原悟『日本絵画のあそび』は、今までにない視点で見た日本絵画論で、題名通りの楽しい一冊となっている。しかし、おかしな日本語が散見するのが残念だ。「十」の読み方もその一つである。

「江戸後期、水戸で活躍した林十江《じゅっこう》」

ルビ（ふり仮名）は、原文のままである。著者がつけたものか、編集部がつけたものかわからないが、これは「じっこう」でなければならない。

歴史の流れの中に遠のきつつある「二十世紀」も、「にじゅっせいき」ではなく、「にじっせいき」である。NHKのアナウンサーは、多くは「にじっせいき」と読んでいるけれど、「にじゅっせいき」と読む人もかなりいる。

梨の「二十世紀」は、最近は新品種「幸水」や「豊水」に押され気味だが、かつてはそれこそ二十世紀の新しい味として人気が高かった。鳥取県で本格栽培されたもので、現在も鳥取産が名高い。その二十世紀梨を出荷する段ボール箱に、Nijisseikiとローマ字で正しく印刷されているのを見た時には、農協侮《あなど》るべからずと感動を覚えた。

意外なところで、「十」を正しく読んでいる例もある。

藤子不二雄Ⓐの『忍者ハットリくん』は、テレビアニメにもなった人気作である。主人公のハットリくんは、忍犬《にんけん》を連れている。その名を「ジッポウ」という。アニメ声優もちゃんと「ジッポウ」と発音している。この「ジッポウ」は、忍者が使う十文字型の「十方字手裏剣」からつけられた名前である。当然「じっぽうじ」と読む。ま、「手裏剣」は「しゅりけん」であって「しりけん」ではないのだけれど。

読めない文字

前回前々回、NHK教育テレビ日本語講座の数字の読み方がおかしいことを指摘した。それなら、私がどれだけ正しく数字を読んでいたかというと、これが心許《こころもと》ない。

●零戦

旧日本海軍の誇る戦闘機である。これは「れいせん」と読むのが正しい。しかし、敵である米軍は「ゼロ・ファイター Zero Fighter」と呼ぶので「ゼロ戦」が定着した。「零」というのは、当時使われていた皇紀（神武《じんむ》紀元）で二六〇〇年（西暦一九四〇年＝昭和十五年）に採用されたことに因む。

私もそんなことはずいぶん前から知っていた。

●B29

こちらは、日本を空襲したアメリカの爆撃機である。Bは爆撃機Bomberの略。29は暦数ではないようだ。改良順だろうか。ベトナム戦争時はB52が北ベトナムを空爆していた。この「B29」は「ビーにじゅうく」と読む。これは前回の話と同じで、これも前から知っていた。

知らなかったのは、戦後初の国産旅客機である。

●YS11

二〇〇二年八月二十五日の産経新聞の記事で、これは「ワイエスいちいち」と読むのだと、初めて知った。「じゅういち」と読む誤読が定着しているからである。Yは「輸送機」、Sは「設計」のローマ字略号だとは知っていたが、「11」が「いちいち」だとは知らなかった。エンジン番号1、機体番号1、これを組み合わせた「11」だという。

さて、以上の話から、何がわかるだろう。飛行機の番号は誤読しやすい……ではなくて、日本語と数字表記の問題である。

まず、本来、日本語にゼロの観念はなく、英語のzeroや漢字の「零《れい》」を使っていること。漢字の「零」も、支那人がゼロの観念を知ってから、これに当てはめたものだ。ゼロは、インド人が発見（というより、発明か）し、アラビアを経由して西洋にもたらされた。このあたりの事情は、岩波新書の旧赤版、吉田洋一『零の発見』でよく知られている。この本は、岩波の新書目録で引くと、「れいのはっけん」でも「ゼロのはっけん」でも出てくる。

次に、洋数字（アラビア数字、算用数字）は、位《くらい》取りを前提とし、位取りがないと読めなかったり、誤読したりする、ということである。

「一」は「いち」である。「1」も「いち」である。しかし、「1」は位取りによって、一にも十にも百にもなる。「12」は「じゅうに」であり、「123」は「ひゃくにじゅうさん」である。その位に何もない時に「0」を用いる。「102」は、十の位に何もないことを表す。

これは確かに大発見・大発明であり、このことによって計算術は飛躍的に発達し、十世《じっせい》紀《き》前後のアラビア科学は世界最先端を行った。化学用語のいくつかがアラビア語起原であることがそれを物語っている。

こんなにすばらしい洋数字だが、半面、これは「読めない文字」でもある。

●146273305928

こういう数字を見た場合、初めの「1」を何と読んだらいいか、桁数を最後まで数えないと、わからない。つまり、桁数（位取り）を前提にしないと、それ自体では「読めない文字」なのだ。読めない文字——これは形容矛盾であり論理矛盾である。古代文字の中には今では読めなくなっているものもあるが、文字は本来読めてこそ文字である。

そうすると、洋数字は、「?」とか「……」のような、一種の記号なのだということになる。これらの記号は、文字というには違和感がある。

このため、正式の文章、文章らしい文章では、洋数字は使わない。算数の教科書の文章題などで、「りんごが3個とみかんが2個あります」という場合は、計算を前提としているので、算用数字、すなわち洋数字を使う。それ以外は記号性の強い場合しか算用数字は使わない方がよい。

私は、西暦は計算に便利な通し暦だと思うから使うので、これは「一九〇五年」という書き方をする。しかし、福田恆存《つねあり》や三浦朱門や都筑道夫などは、文字としての論理を徹底して「千九百五年」と表記する。これも一つの見識である。

一群の国字

私は、一九九九年から郷里の愛知県に居を移し、東京へは週に一、二回新幹線通勤をしている。住んでいる町は、名古屋と川を隔ててすぐ西隣の田舎町である。現在は宅地化が進んだが一九六〇年頃までは農村地帯で、その歴史は地名にも残っている。

町の名前は「二ツ杁」という。私鉄の駅名にもなっている。しかし、この地名が読める人はまずいない。「杁」なんて漢字は普通見たこともないからである。

大きな漢和辞典を引くと、一応は出ている。なんとかいう樹木の名前だという。しかし、松や杉や梅や桜ならともかく、大きな漢和辞典にしか出てこないような珍しい木がこのあたりに生《お》い茂っているわけではない。ごく平凡な郊外の町なのである。だから、この「杁」は、樹木の名前とは関係はない。

「二ツ杁」は「ふたついり」と読む。そう読めればいいから、私は名刺などには「二ツ入」と印刷している。「杁」なんていう活字は印刷屋にないし、ワープロや写真植字でも造字しなければならない。そんな手間を省くため「二ツ入」としているわけである。これで、郵便物も宅配便もちゃんと届く。配達員にとっても、この方がかえって便利なようだ。

珍しい樹木の名前の方ではなく、「いり」と読む地名の方の「杁」は国字である。

国字というのは、日本で作った漢字のことである。漢字は本来支那語を表す文字であった。それが朝鮮を経て日本に入ってきた。

漢字は、表意文字あるいは表語文字と言う。アルファベットなどとちがって、文字が意味を、あるいは単語そのものを表す。この性質を利用すると、大和言葉（日本の固有語）を表す漢字を作り出すこともできる。本家の支那ではもちろん通用しないが、日本だけで通じる国字がそれである。

国字のほとんどは形声文字である。形声というのは、意味を表わす偏《へん》や冠《かんむり》と、音《おん》（声）を表わす旁《つくり》を組み合わせた漢字で、応用が利きやすい。それで国字のほとんどが形声文字である。ただし、旁の音では読まない。偏と旁の両方で意味を表し、読み方は大和言葉である訓読みだけである。例を挙げるとわかりやすい。

●畑（はたけ）

これは、水田とちがう乾いた（火）農地、草地を焼いて作った農地、という意味の国字である。旁の音である「でん」とは読まない。

●峠（とうげ）

山の上り下りを分けるという意味の国字である。この旁は、そもそも読みようがない。

さて、話は戻って「杁」である。

「杁」は、用水や堀割、またその入口である水門を意味している。木偏になっているのは、水門を昔は木で作ったからだ。「いり」と読むのは、水の入口という意味である。初めに書いたように、私の住んでいる町は、昔は農村地帯であり、名古屋との境になっている川から農地に水を引いていた。そういう用水の水門に因んだ地名なのである。

山本周五郎に『青べか物語』という小説がある。自分をモデルにした売れない小説家と漁師町の人たちとの交流を描いた一種の私小説とでも言おうか。舞台は、戦前の千葉県浦安だが、小説では「浦粕」という仮名《かめい》になっている。主人公は、時々原稿を書くほかは、海岸や河口や用水で釣りをしている。この小説に「𣲆《いり》」という言葉が出てくる。

「私は石灰工場の川下で釣りをしていた。一《ひと》つ汃《いり》のちょっと上《かみ》で、うしろには百万坪の荒地がひろがっており、早春のやわらかな風が、その荒地をわたって吹いて来た」

この「一つ汃」も地名で、「汃」はやはり用水や堀割を意味する国字である。こちらは木偏ではなく三水《さんずい》偏だが、用水の水に着目したか、水門の材質に着目したかのちがいだけで、要は同じだ。読み方も、水が入るから「いり」である。

日本最大の湖、琵琶湖は、今では衰えたけれど、かつては漁業も盛んであった。伝統的な漁法もあり、定置網《ていちあみ》の一種「魞《えり》」が今も使われている。これも国字である。湖面に設置した網に魚を追い入れる、だから「魞」。「えり」は「いり」の訛《なま》りである。

「杁」「汃」「魞」、どれも「入る」から読みは「いり」である。国字の中では珍しく体系的な一群と言える。そして、旁をそのまま訓読みするのも、「畑」や「峠」とちがって珍しい。

無理読みジョーのハナシ

前回は、日本で作られた漢字、国字について書いた。今回は、日本で作られた音読みの話である。

日本で作られた音読みのことを何というか。「国字」にならって言えば「国音」ということになるだろうが、国音とは、我が国で読む音という意味で、訓読みのことである。いわゆる「百姓読み」に近いのだが、これとも微妙にちがう。

百姓読みとは、偏《へん》や旁《つくり》に引きずられた誤読のことである。「絢爛《けんらん》豪華」を「じゅんらんごうか」と読むような場合だ。「百姓読み」という言葉は、『広辞苑』にも『新明解国語辞典』にも『岩波国語辞典』にも、その他のあらゆる国語辞典に出ている（出ていた）由緒ある日本語なのだが、最近の版では一斉に姿を消してしまった。農民を差別しているというバカげた理由からである。この「百姓」とは庶民という意味であり、農民という意味ではない。学問のない庶民が読み誤った読み方という意味である。ま、これも庶民差別であることにちがいはないのだが。

話を戻して、日本で作られた音読みである。

●食らう

●喰らう

これはどちらでもいい。「くらう」とは、「くう」を俗語風に強めた言い方で、動作性も強く感じられる。用字は「喰らう」を使うことが多い。口偏《くちへん》がその動作を象徴しているからだろう。

この字を熟語にして「大食漢」「大喰漢」とすることもできる。では、これを何と読むか。「大食漢」は「たいしょくかん」でいい。しかし「大喰漢」は本来「たいしょくかん」とは読めないのである。

「喰」の音《おん》は、サンまたはソンであって、ショクではない。「晩餐会《ばんさんかい》」の「餐《さん》」と同系の「飧《さん》」を書き誤ったものらしい。しかし、「喰」は「食」と同じ意味にしか使われないため、ショクの音が事実上認められている。それが日本で作られた音読みである。

似たようなものが他にもある。

●石《こく》、斗《と》、升《しょう》、合《ごう》

伝統的な尺貫法の容積の単位である。上のものが下のもののそれぞれ十倍で、一合が百八十ミリリットルであることは、小学校で習うはずだ。このうち、斗《と》、升《しょう》、合《ごう》は、確かに音読みである。しかし、石《こく》はどうか。

「石」は、音読みではセキ（石碑《せきひ》）、シャク（磁石《じしゃく》）である。本来、コクの音はない。訓は「いし」である。それなら、コクとは何だろうか。

斗《と》の十倍は、斛《こく》である。ところが、石《せき》という言い方もあったらしい。漢書《かんじょ》などには石《せき》が出てくる。そこで、日本では斛と石を通用させ、画数の少ない石で間に合わせるようになった。だから、「石」をコクと読むのは日本だけの読み方であり、辞書によっては、これを音読みではなく訓読みに分類している。

もう一例挙げておこう。

●尉《じょう》

能に出てくる白髪の老人のことである。しかし、この字は、「陸軍大尉」などのイである。これを声符《しょうふ》（形声文字の音《おん》を表す部分）とする「慰」もイと読む。ジョウとイとでは、ちょっと音がちがいすぎる。ジョウが本来の音ではないからだ。

尉は「やすらげる」「おさめる」意で、司法関係の官名を言った。この官名は、丞《じょう》とも書いた。丞と尉は同じ官職を表したから、どちらもジョウで通用させたわけだ。これも、別の字の音を日本人が無理に使っている。「尉」をジョウと読むのも、訓読みだとする辞書が多い。

ジョウには、もっと無理な読み方のものもある。

一九七〇年代アイドル歌手としてデビューし、それほどパッとしないまま終わった人に「豊川誕」がいる。この芸名、「豊川」は「とよかわ」でいいのだが、「誕」をジョウと読ませている。しかし、これはタンとしか読めない。ジョウと読ませるのは、「誕生」の上下を読み誤ったものか、無理やりひっくり返したものか。

何年か前、週刊誌に、醜《みにく》い中年のオッサンになった豊川誕が覚醒剤使用で逮捕されたとの記事が出た。覚醒剤のためか、四十代で既に歯は一本もなかったという。虚飾の芸能世界の無理が生んだ悲劇的人生というハナシ。

BとP

先日ラジオで一九五〇年代の落語を放送していた。演者も演目も聞きもらしたが、興味深い言葉が出てきた。「ブラットホーム」である。録音状態はよくないが、二度三度この言葉が出てきたから聞きちがいではない。

もちろんこれはplatformのことだから、五十年後の現在なら誰でも「プラットホーム」と言う。F音を正確に表現したくて「プラットフオーム」と言う人もいるかもしれないが、日本語には本来F音とH音の区別はないのだから、これはどちらでもよい。しかし、B音とP音の区別はある。「別嬪《べっぴん》」と「別便《べつびん》」、「甲板《かんぱん》」と「看板《かんばん》」は、ちゃんと区別している。

ところが、私の子供時代であった一九六〇年頃までは、B音とP音はしばしば混同されていた。老人たちの中には、「パスに乗ってデパートに行く」と言う人が珍しくなかった。だから、「ブラットホーム」と言う人もいて当然なのである。何の本だか忘れたが、戦前の本にエジプトEgyptを「エジブト」と表記してあるのを見た記憶もある。

さすがに、今ではこれらのB音P音の混同は訂正され、正しく発音されたり表記されるようになったが、まちがったまま定着したものもある。

ロシヤの民族衣装に、ゆったりした詰衿《つめえり》のシャツのようなルパシカという上着がある。ひと昔前の芸術家たちが好んで着用していた。これは綴《つづ》りからいってもB音で、「ルバシカ」が正しい。辞書には「ルパシカ」と「ルバシカ」の両方を採用するものもあるが、「ルパシカ」の方がむしろ一般的だろう。

芸能人の肖像写真をカード状の商品にしたものを「プロマイド」という。これは臭化銀などの臭素化合物bromideを使った印画紙から来た言葉である。従って「ブロマイド」が正しい。しかし、「プロマイド」も「ブロマイド」も両方使われるし、マルベル堂の商品名は「プロマイド」で統一されている。

B音P音の混同が起きるのは、日本語の歴史を理解すると納得がゆく。P音すなわちハ行半濁音を語頭に持つ日本語の固有語（大和言葉）はない。国語辞典でパ・ピ・プ・ペ・

ポで始まる言葉を引いてみると、その全部が外来語か擬音語である。語中に出てくるものは、漢語を除けば、読みやすくするための一種の音便のような場合である。

●やはり↓やっぱり
●あはれ《わ》↓あっぱれ
●なにびと（何人）↓なんぴと

つまり、半濁音は発音上の便宜的措置のようなものなのである。半濁点（いわゆるマル）が使用されるようになったのも、江戸時代からである。

さて、ここにもう一つメンドーな問題がある。

支那東北部に哈爾浜という都市がある。漢字が読みにくいので片仮名で「ハルビン」と表記されることが多い。一九〇九年（明治四十二年）伊藤博文が駅頭で暗殺されたり、旧満洲国を代表する工業都市だったりで、日本人の間でも知名度が高い。しかし、戦前はもとより、戦後も三十年間ほどは、これを「ハルピン」と表記していた。

これは「ハルピン」が正しいのか「ハルビン」が正しいのか。

ネイティブスピーカーである支那人が発音しているのを実際に聞くと、日本人には「ハルピン」と聞こえる。ピとビの中間ぐらいの音だけれど、どちらかといえばピの方である。だから、かつてこの町に住んでいた日本人は「ハルピン」と読んだのである。

それを今「ハルビン」と書くのは、このローマ字綴りがHaerbinだからである。現地音尊重というつもりだろうが、今言ったように、実際には「ハルピン」と聞こえるのだ。

支那語には、子音に無気音と有気音の区別がある。無気音は、呼気がほとんど感じられない。支那語の初学者は口の前に細長い紙を垂らし、これが揺れ動かないように発音練習する。この無気音と有気音をローマ字書きする場合、便宜的にそれぞれBとPで書き分ける。欧米人にとってはB音もP音も有気音だから、あくまで便宜的なものにすぎない。

我々日本人は、無気音有気音を区別しないのみならず、支那語のローマ字表記に追随してもしかたがないのだから、実際に聞こえた通り「ハルピン」でいいのだ。

鮒とにぎり

予備校で国語の講師をやっている友人から電話があった。

「『電車は乗客がすし詰めであった』っていうよね。あの『すし詰め』って何だ」

「人間がすしのようにぎっしり詰まっていることだろ」

「そんなことは、誰だってわかるさ。なぜ『すし詰め』というかだよ」

「そりゃ、すしが折箱に……、ありゃりゃりゃ」

私はあわてて言葉を呑《の》み込んだ。受話器の向こうで友人が「な、な、そうだろ」という感じでにやにや笑っているのがわかる。

「ちょっと調べてみるよ」。私はそう言って電話を切った。確かに、この言葉、無意識に使っていたけれど、調べてみる必要がある。

いくつかの国語辞典を引いてみると、ほとんどの著者がこの言葉に何のひっかかるところもないらしく、単純な語釈をしている。

岩波書店の『広辞苑』、講談社の『日本語大辞典』、三省堂の『大辞林』は、どれも一冊本の大型辞典であるにもかかわらず、おそろしくそっけない。大同小異の語釈ばかりだから、『広辞苑』だけ紹介する。

「多くの人や物がすきまもなくはいっていること」

小学館の一冊本大型辞典である『大辞泉』には、私があわてて呑み込んだ言葉が、当たり前のように明記されている。

「すしを折箱などに詰めるように、多くの人や物がすきまなく入っていること」

つまり、折箱にすしがすきまなく詰まっていることから、人や物がぎっしり入っていることをそう言うようになった、というのだ。

小型国語辞典では人気一、二を争う『岩波国語辞典』も同旨だが、語原をわざわざ補注の形で強調している。

「狭い所にたくさんの人や物がぎゅうぎゅうに詰めて入れられること。▽もと、すしを折箱に詰めたもの」

分冊の大型国語辞典である小学館の『日本国語大辞典』では、次のようになっている。
「①鮨を箱などに詰めること。また、その鮨。②多くの人や物が、少しのすきまもなく、ぎっしりはいっていること」

二段構えになっているから、①を語原として②があると考えていると見ていいだろう。用例として中村春雨『欧米印象記』などが挙げられているが、最も古いこの用例で一九一〇年とあるから、明治末より前のことはわからないということらしい。

山口佳紀編の『暮らしのことば 語源辞典』（講談社）では、執筆者の一人、沖森卓也が、こんなことを書いている。

「『鮨』を折り箱に詰める場合、すきまなくびっしりと並べられる。そのように、人や物が少しのすきまもなくいっぱいに詰まっていることを比喩的に表現したことば」

ただ一冊、異説を述べているのが、『岩波国語辞典』と人気を二分する三省堂の『新明解国語辞典』である。

「入れものにぎっしり詰めた『すし①』のように、多くの人や物が、すきまもなく入っていること」

では、「すし」の項を見てみよう。

「①塩に漬けて醱酵《はっこう》させた魚肉（昔の『すし』は大部分、これ）②握りずし・押しずし・散らしずし・五目ずしなどの総称」

『新明解』だけは、琵琶湖名物鮒《ふな》ずしのような「なれずし」を語原と考えているのだ。確かに、魚と塩と米糀《こめこうじ》が瓶《かめ》の中につまっているなれずしの方が、むっとする臭気とともに、「すし詰め」の語原にふさわしい。

問題は、すしといえばなれずしのことであった江戸時代以前に出典が見つかるかどうかだ。

先日、必要があって江戸時代初期の笑話集『醒睡笑《せいすいしょう》』を読み返していたら、巻の六にこんな話が出ているのに気づいた。

夏のある日、寺の僧が他行《たぎょう》し、夜遅くなってやっと帰ってきた。寺の稚児《ちご》たちは腹をすかせたまま部屋で重なり合って寝入ってしまっている。僧はその様子を見て「さてさてこの子たちは、まるですしにしたようじゃ」。すると、一人の稚児が起き出し、「どんなすしでも、これほど腹に米の入っていないすしは見たことがありません」。

汗臭さといい、魚の腹に米を入れることといい、これが本来の「すし詰め」であろう。

岩波文庫版の注でも、鈴木棠三《とうぞう》が「すし詰め」はこのことであると述べている。

「ない」のに肯定文

学生など若い人たちが「ナニゲニ」という言葉を使う。「何気なく」を崩した若者言葉である。最近、あちこちでよく耳にする。これを叱る投書も新聞紙上でよく目にする。

しかし、私はこういう流行語・俗語にはあまり目くじらは立てない。流行語は文字通り流行する言葉なのであって、それがそのまま定着するわけではない。若者たちが自分たちだけで使っている限りは、問題にしてもしかたがない。しかし、若者たちが就職試験の面接で「ナニゲニ」と言ったら、それはまずいだろう。いい大人が若者につられて、あるいは迎合して、「ナニゲニ」と言い出したら、これはもっとまずいだろう。言葉には雅俗の別があり、人と場合に応じて、それぞれに使い分ければいいのだ。

それだけではなく、この「ナニゲニ」は、興味深いテーマも提起している。それは「ない」の種類・用法がしばしば錯雑しているということである。

古賀政男が戦前に作詞作曲した『影を慕《した》いて』は、今なお歌い継がれる名曲である。

まぼろしの
影を慕いて
雨に日に
月にやるせぬ
わが想い

今では誰も議論さえしなくなってしまったが、かつてはしばしば問題になったのがこの「やるせぬ」である。「やるせぬ」って何だろう。

文脈から推《お》して、これは「やるせない」である。しかし、「やるせない」が「やるせぬ」になるか。「なさけない」が「なさけぬ」にならず、「神も仏もない」が「神も仏もぬ」にならないのと、同じである。

「ない」には、存在しないという意味の形容詞の「ない」と、上につく動詞などを否定する助動詞の「ない」がある。後者の助動詞の「ない」だけが「ぬ」と置き換え可能である。「やるせない」は「やる瀬が無い」（心の憂《うれ》えをはらす手立てがない）がもとの形だから、これは「やるせぬ」とはならない。それを「やるせぬ」としたのは、古賀政男が無知無学であったからなのか、あるいは、文法的には誤りと知りつつ奇抜な表現をしてみたかったのか。古賀は、大学進学率が今とは比較にならないほど低かった昭和初めに明治大学に学んでいるぐらいだから、おそらく後者だろう。

この「やるせぬ」は、誤りのまま何万人の人に歌い継がれ、それでいて、この歌のほかにはいささかも波及しなかった。「やるせぬ気持ちだ」などという人は、今もって誰一人いないのである。私が、流行語は自然の淘汰《とうた》にまかせればいいと言うゆえんだ。

さて、「ない」には、もう一種類の「ない」がある。

●いたいけな子供
●いたいけない子供

どちらが正しいか。

「いたいけ」は「痛い気」で、心が痛くなるほど可愛い、いじらしい、という意味である。それなら「いたいけな子供」が正しく、「いたいけない子供」は可愛さを否定してしまうので誤りなのだろうか。そうではない。辞書には両方とも出ている。どちらも正しいのだ。

似た言葉に、「いとけない」がある。「いとけ」は「幼気《いとけ》」で、幼くて可愛い、という意味である。古語では「いとけし」と言うこともあり、この古語の方は理解しやすい。むしろ現代語の「いとけない」は、「いとけ」を否定するので誤用かと思ってしまう。しかし、これも「いとけない」で正しい。

着物が乱れていることを「しどけない」という。「しどけ」は「しどろもどろ」の「しど気」で、乱れている様子である。それが「ない」のなら、乱れもなくきちんとしているのかというと、そうではない。だらしなく乱れていることを言うのだ。

主に関西方言で、「せわしない」と言う。初めて聞く人は「せわしく・ない」かと思ってしまうが、「せわしい」と同じで忙しいという意味である。

これらの「ない」は、程度が甚《はなは》だしいことを表す接尾語なのである。従って、この「ない」はあってもなくても本来の意味は変わらない。この遠い記憶が、さほど強くない「何気なく」を表すために「ナニゲニ」を生んだのではなかろうか。

【補論】

「そこはかとない」は「ソコ（其処）は、カ（彼）とない」の意味で、目的物がはっきりしないこと、漠然としていることを言う。この「ない」は略すことができないはずである。しかし、江戸期の本に略した例が出ている。『色道諸分《しきどうしょわけ》 難波鉦《なにわどら》』（岩波文庫）に、「小ざつま、大臣といとしづかにそこはか物がたりのおりふし」（小ざつま嬢は、金持ち客と静かに何ということもない話をしていた時のこと）とある。

生々しい言葉、よそよそしい言葉

二〇〇三年春、私の住む名古屋で、自転車に乗った中年女の通り魔が住民を恐怖に陥《おとしい》れた。庖丁らしき刃物で通りすがりの人を殺傷するのだ。その新聞記事に興味深い表現があった。

四月四日の朝日新聞朝刊にこうある。

「女性が自転車の女に追いかけられたと110番通報があった。女が女性に向かって『じろじろ見るな』などと怒鳴ったため、女性は怖くなって近所の家に逃げ込んだという」

加害者も被害者も名前が出ていないのはいいとして、それぞれが「女」「女性」と使い分けられている。「女」も「女性」も意味するところは同じなのに、「女」は悪玉、「女性」は善玉であって、入れ換えはできない。

次の文章の場合は、どうか。

●いい女だねぇ。

●あいつは俺の女だ。

この「女」も「女性」と置き換えることはできない。しかし、この例文の「女」は別に悪玉ではない。むしろ、善玉だろう。ただ、両方とも、生々しい感じ、近しい感じがある。それが否定的に出たのが、新聞記事にある通り魔の「女」、肯定的に出たのが、例文の「女」なのである。

反対に「女性」の方は、よそよそしく、あらたまった感じがする。あらたまった感じは敬意にもなるから、新聞記事にあるように、被害者は「女性」となる。「俺の女だ」を「俺の女性だ」とするとおかしいのは、近しい関係のはずなのに、あらたまった言葉が使われているからだ。

これは、「女」が和語、「女性」が漢語だからである。和語は日本の固有語で、漢字を当てる場合は訓読みになる。漢語は、支那の文字を使う言葉だから広義の外来語であり、読み方は音読みである。日本人にとって、十九世紀末までの千数百年間、支那は文明の先進国であった。その言葉は、外国の言葉であるが故によそよそしく、先進国の言葉であるが故に高級な感じがする。

この傾向は今も続いていて、官僚用語には漢語や英語がよく使われる。
●話し合い
●協議
●コンフェレンス
同じことなのに、漢語、英語と言い換えるたびに、よそよそしさとともに高級感、専門感が出るようになる。差別語も同じである。
●ハーフ
●混血児
●合いの子
漢語、欧語と言い換えると、生々しさが薄らいで学術用語ぽくなり、その結果、差別性がなくなったような気にさせられる。むろん、実質は少しも変わっていないのだが。

固有語と外来語の印象のちがいは、日本語だけにあるのではないらしい。英語にも同じことがあるという。

英語は、固有語に当たる古英語と、主に十一世紀のノルマン公のイギリス征服によって入って来たラテン系の言葉とが混じっている。意味するものは同じでも、前者が平易で親しみやすく、後者はよそよそしい印象を与える。日常的にはhouse（家）と言うが、法律用語などではdomicile（住居）と言う。英和辞典には、こうした固苦しい言葉が「格式語」などと表示してある。英米人はこれらの言葉の発音がラテン語的であるので、直感的にそれがわかるらしい。日本語における漢語も、日本人には発音だけでほぼ漢語だとわかる。これに似ている。

さて、文芸評論でよくこんなことを言う。

●女が描けていない。

これを「女性」に換えるとおかしい。ここは生々しい固有語でなければならない。

また、こんなこともよく言う。

●人間が描けていない。

これを「人」に換えると、やはりおかしい。しかし、「人間」は漢語である。生々しい「人」の方がしっくりくるはずだ。それなのに「人間」の方がいいのは、これが本来の漢語ではなく、日本で作られた漢語だからだろう。

「人間」は、漢籍ではジンカン、仏典ではニンゲンと読むが、どちらも、人の住む世界、この世、という意味である。だから「間《あいだ》」がつく。しかし、現代の日本では人そのものの意味になった。

幕末の僧月性《げっしょう》の詩と伝えられる「人間到る処《ところ》青山《せいざん》あり」は、この世には故郷以外にも青山（骨を埋める地）はあるという意味である。「この世」である以上、ジンカンと読んだ方がいい。

棒読みの言語、日本語

支那を旅行した時のことである。ガイド嬢は明朗で頭の回転も早く、私たち一行の人気者になったのだが、彼女が名所旧蹟の解説を始めると、みんな下を向いてクスクス笑うのだった。その日本語がおかしいからである。

外国人が日本語を話すのだから、少しぐらい発音や文法が変だとしても、笑うべきではない。私たちは誰もがそれぐらい心得ていた。しかも、ガイド嬢は、語学学校で成績が優秀だったらしく、近頃の日本の女子高生などよりよほど正しい日本語を話す。それなのに彼女の日本語が変だと笑ったのは、いかにも支那人がイメージで聞きなした類型的な日本語を話したからである。

彼女は、名所旧蹟を前にして、まるで棒読みのように抑揚《よくよう》のない平板な話し方をしたのだ。私たちと会話する時は、そうではない。質問や要求に、とまどったり喜んだりする様子が、彼女の話しぶりにも出る。しかし、名所旧蹟の解説は一方通行の話し方である。そんな時、異様に平板な話し方になるのだ。

これは、おそらく彼女が語学学校で優等生だったことが影響しているのだろう。彼女は先生に繰り返し言われたはずだ。日本語というのは、アクセントや抑揚のない言語ですよ。支那語には四声《しせい》という声調があるけれど、日本語はとにかく平板に平板に話すようにしなさい、と。

タレントのタモリに、四か国語麻雀という話芸がある。支那人、朝鮮人、アメリカ人、アラビア人が、それぞれの言葉で麻雀をやる。その言葉が、日本人がイメージしている支那語、朝鮮語……であり、本ものではない。しかし、いかにもそれらしく聞こえるところが妙だ。これには逆バージョンもあって、アメリカ人が聞きなしている想像の日本語という芸もある。

ちょうどそんな日本語が支那のガイド嬢の口から出たのだ。支那人は日本語をそのようなものとして聞いているのである。

確かに、日本語を母語とする我々は気づかないけれど、日本語はきわめて平板な発音の言語であり、アクセントさえあいまいである。「橋」「箸」のようにアクセントによって同音異義を使い分ける場合もあるけれど、むしろ少数である。次の同音異義語は、アクセントもちがわない。

●クモ（雲、蜘蛛）

●タコ（蛸、凧）

●ノリ（糊、海苔、法）

英語では、アクセントによって品詞が変わることもよくある。produceは、プロデュースが「生産する」（動詞）、プロデュースが「生産物」（名詞）、と使い分けられる。これに較べると、日本語はアクセントに無頓着《むとんじゃく》な言語である。

ここ数十年、アクセントの平板化（時には語尾上がりに聞こえることもある）の傾向が指摘されている。

中堅の出版社に宝島社がある。私もよく執筆している。電話をかけると、編集者が、こう答える。

●はい、タカラジマです。

どの編集者でも、このアクセントである。しかし、四、五十年前は、そうではなかった。私の少年時代である昭和三十年前後、まだラジオが全盛だった頃のことだ。名作文学のラジオドラマがよくあった。R・スティーブンスンの『宝島』もしばしばドラマになった。アナウンサーは必ずこう発音していた。

●スティーブンスン原作、タカラジマ。

先日、埼玉県の所沢に行った。西武線のホームに降り、構内放送を耳にすると、ちょっと嬉しくなった。正しいアクセントで、こう言っていたからである。

●トコロザワー、トコロザワー、お乗り換えの方は……。

一九二七（昭和二）年一月、NHKでは『昭和の子供』（久保田宵二《しょうじ》作詞、佐々木すぐる作曲）という新しい唱歌を発表した。昭和元年がわずか一週間しかなかったから、実質的に昭和改元の歌である。出だしは、こうだ。

「昭和　昭和　昭和の子供よ　僕たちは　姿もきりり、心もきりり」

ここではショーワと歌われている。古いニュースの録音でも、アナウンサーはちゃんとショーワと発音している。昭和も終わりに近づくにつれ、しだいにショーワと発音されるようになった。

おトラさんや　おツルさん

前回、日本語はあまりアクセントを意識しない言語である、という話を書いた。今回、その続きである。

日本人の姓には、「近藤」「佐藤」のように「藤」のつくものが多い。本当かどうかはともかく、藤原氏を先祖だとしているようだ。そのうち、よく目にする「○藤」だけを並べてみよう。

ただし、比較の便のため、「佐藤」のように藤の前が一音節のものに限り、「内藤」のように藤の前が二音節のものは除く。かっこ内は、同音異字やバリエーションである。

●伊藤（伊東）

●江藤

●加藤（加東）
●（鬼頭）
●工藤
●後藤
●佐藤
●須藤（首藤）
●武藤

他にもいくらでもあるはずだが、サンプル数としては、これで十分だろう。

さて、このうちの「後藤」だが、これはゴトウだろうか、ゴトウだろうか。私は、郷里ですごした十八歳まで、これをゴトウと読んでいた。大学生となって上京してからは、周囲に影響され、ゴトウと読むようになった。しかし、それは他人の姓だからである。県はちがうが私と同じ中部地方出身の後藤さんは、東京での生活が長く、言葉は完全に標準語になっているにもかかわらず、ゴトウですと言って電話をかけてくる。私も、自分が後藤なら、そうしたいところだ。

ここに並べた「○藤」は、どれもゴトウと同じアクセントである。「加藤」がカトウなら、下等みたいではないか。「鬼頭」がキトウなら、祈祷みたいではないか。いや、もっと変なキトウかもしれない。「加藤」や「佐藤」や「武藤」と同じように、「後藤」もゴトウでいいはずである。

しかし、先のリストをよく見ると、「伊藤」だけは、イトウなのである。これは、標準語でも中部方言でもちがわない。

つまり、「○藤」のアクセントには、何の規則性もなくバラバラなのだ。

そんなことはない、アクセントの使い分けに規則性があるのだ、という人もいる。

現在ではあまり使われなくなったが、昔は人名に動物名がよく使われた。意外にも、女性名にそれが多い。動物はお産が軽く、生命力の強さにあやかろうとしたのだろうか。テレビドラマにもなった昭和三十年代のマンガに『おトラさん』（西川辰美）があった。お節介やきのユーモラスな女中の名前だ。菊田一夫の『がめつい奴』には、おシカ婆さんが出てきた。野口英世の母も、「シカ」だったはずである。「ウシ」「タツ」もある。

これらの動物由来の人名は、動物そのものとはアクセントが逆になっている。上を動物名、下を人名とすると、見事に対比的になる。

●トラ　トラ

●シカ　シカ

●ウシ　ウシ

●タツ　タツ

しかし、反証もある。

●ツル　ツル

●クマ　クマ

これらは、アクセントで動物名と人名とを区別していない。

地名と人名はどうか。東京のＪＲの駅名を例にとってみよう。かっこ内の上が駅名、下が人名である。

●上野（ウエノ　ウエノ）

●渋谷（シブヤ　シブヤ）

区別しているのは、この二例だけである。他は全部同じだ。

●田端（タバタ　タバタ）

●目黒（メグロ　メグロ）

●四谷（ヨツヤ　ヨツヤ）

かつては区別していたのに区別しなくなりつつあるものもある。高田馬場の略称「馬場」である。

●かつての馬場（ババ　ババ）

●最近の馬場（ババ　ババ）

逆に、区別がなかったのに区別するようになりつつあるものもある。

●かつての蒲田（カマタ　カマタ）

●最近の蒲田（カマタ　カマタ）

やっぱり規則性はないのではないか。

考える前に引け

友人に文学青年くずれがいて、勤め先の社内報や業界誌に下手くそなエッセイや小説もどきを書いては、私のもとに送ってくる。下手くそなのは、才能がないのだからしょうがないとして、漢字や言葉がまちがいだらけなのは、なんとかした方がいい。そう思って、まちがいを一つ一つ指摘してやると、彼はその社内報をじーっと見つめながら、うーんとうなって考え込む。

つくづくバカな奴だと思う。考えてもしかたがないではないか。辞書を引けばいい。シロートが一時間考え込むより、一分かけて辞書を引いた方が確実に言葉の正しい意味と用法がわかる。そういえば、若い頃から、彼が辞書を引くのは見たことがなかった。

よく、教育に大切なのは暗記ではなく考えることだ、などという。こういう教育をやっているから、バカがふえる。教育に大切なのは、考えることではなく、暗記に決まっているだろう。とりわけ、学術用語・専門用語は、まず暗記である。翻訳語の場合、そのことは顕著だ。

心理学の用語に「行動主義」という言葉がある。心理学者は、大学の象牙《ぞうげ》の塔にこもってばかりいるのではなく、積極的に社会に出て、ノイローゼなどで苦しんでいる人たちの助けになるよう行動すべきだという主義――ではない。

行動主義behaviorismとは、一九一三年、アメリカの心理学者ワトソンが唱えたもので、心理学者は、内面的な意識や精神といったつかみどころのないものを研究するのではなく、客観的に観察できる行動を研究対象にすべきだ、と考える立場である。

この「行動主義」、どんな頭のいい人がこの四文字を何時間見つめていようとも正しい答えはわからない。

十九世紀フランス美術界に「印象主義」という一派が出現した。モネ、マネ、ルノワール、ピサロなどで、日本でも愛好家が多い。

この印象主義、絵画には印象が第一だという主義なのだろうか。しかし、絵画の大半を占める人物画、風景画、風俗画は、どれも印象に基づいている。印象に基づかない絵画は、空想画や工芸図案ぐらいしかないことになる。

これも文字だけを見ていてもわからない。「印象主義」は、一八七四年に発表されたモネの『印象――日の出』に因む。この作品に代表されるように、モネは、アトリエより、外光の下での風景や人物を、目に映るままの鮮やかな色彩で描いた。従来の形式主義的な絵画に較べれば、確かに印象重視ではあるが、命名の直接的な理由は、モネの作品の題名による。

同じく、美術の用語で、二十世紀初頭、ドイツで盛んになった潮流に「表現主義」がある。キルヒナー、ヘッケル、カンディンスキー、クレーなどがいる。

この表現主義も、美術には表現が大切だという主義ではない。どんな美術作品だって、表現に決まっているからだ。

表現主義 expressionism とは、印象主義 impressionism に対して名づけられた言葉だ。訳語ではわかりにくいが、原語を見ればその対比は明らかだろう。印象主義が重んじた外光のもとでの現実描写に対し、現実にはないデフォルメや色彩によって作家の内面を表現しようとした。これも確かに、現実描写より表現そのものを重視してはいるが、やはり直接的には「印象」に対する「表現」が名称の起源である。

二〇〇三年六月四日の朝日新聞夕刊の文化面で、美術評論家の高階《たかしな》秀爾《しゅうじ》が興味深いことを書いている。「後期印象派」という言葉は誤訳だというのだ。

後期印象派に属するのは、ゴッホ、ゴーギャン、セザンヌなどだが、「これらの画家たちは印象派とは違う別の世界を目指し」「自己の内面世界を表出しようと努めた」。そのため、「印象派の後」という意味で post-impressionism と名づけられたが、これが「後期印象派」と誤訳されてしまった。

高階秀爾は、ざっとこんなことを述べている。

なるほど、postwar は「戦後」であって、「戦争の後期」ではない。「印象派の後」と「後期印象派」では、全然ちがうことになる。

辞書を引くのは大切だが、誤訳が定着しているのでは困ったものだ。しかし、原語を知れば、正しい意味はおぼろげながらわかる。やはり、辞書は引かないより引いた方がいい。

元の形は何?

言葉を使うことを職業とする私にとって、ここ数年の日本語ブームは、一面では喜ばしいことなのだが、もう一面では腹立たしいことでもある。一知半解の日本語エッセイのたぐいが新聞や雑誌に出るからだ。いや、私だって国語学の専門家ではない。しかし、それなりに調べ、それなりに考えて、言葉に関するエッセイを書いている。ところが、何も調べず、何も考えず、天下の公器に駄文をたれ流す輩《やから》がいる。

以前、SF作家の堀晃が産経新聞に毎週一回「みらい手帳」という小コラムを連載していた。二〇〇三年八月二十五日付は「当て字」がテーマだ。

「夏目漱石の作品が教科書から消えた理由のひとつは誤字当て字があるからではないか」

「ぼくは小学生の時、『未だに』を『今だに』と思っていた。『坊っちゃん』の一頁目の表記で覚えたのである」

漱石が当て字を平気で使い、同時に、当代有数の漢文の達人でもあったことは、明治文学を少し齧ったことがある人にはよく知られているが、それはともかく、そもそも「未だに」を「今だに」と書いたら、これは当て字なのだろうか。

確かに、多くの国語辞典では「未だに」を見出し語としており、「今だに」を見出し語とするものはない。しかし、『新明解国語辞典』は「今だにとも書く」と注記している。「かつて」を「曾て」とも「嘗て」とも書き、「しかし」を「併し」とも「然し」とも書くのと同じである。

語原上も「今だに」で少しもまちがっていない。『大言海』では、「いまだ〔未〕」を見出し語にし、語釈で「今、だにノ略」とする。『日本国語大辞典』でも、「いまだ〔未〕」を見出し語にし、「名詞『今』に、助詞『だに』の語根と同じ『だ』が付いたもの」としている。歴史的語原検証のところでは、五説のうち四説まで「今」説を紹介し、貝原益軒《かいばらえきけん》の『日本釈名《にほんしゃくみょう》』の一説のみ「イ待つ」だとする。

これらを考えると、「いまだに」は、本来むしろ「今だに」の方が正しく、といって「未だに」もまちがっていないのである。

誌名は忘れたが、どこだかの雑誌で「汚名挽回」はおかしい、と書いている人がいた。

この「汚名挽回」は、高島俊男が『お言葉ですが…』（文藝春秋）で論じているように、一種の縮約語として、いくつも用例を挙げることができる。ただし、言葉としてのこなれが悪いので、使うかどうかはその人の言語感覚にまかされるだろう。

私は、自分では使わないが、「汚名挽回」に目くじらを立てて摘発する気にはなれない。「汚名」と「挽回」が結びつかないことぐらい、誰でも言われればすぐ気づくからである。

薬には、いろいろな種類のものがある。消毒剤、睡眠薬、健胃錠、風邪薬……。このうち、「風邪薬」は、他の薬と較べると、結びつきがおかしい。消毒剤は消毒を目的とし、睡眠薬も睡眠を目的とし、健胃錠も健胃を目的としているのに、風邪薬は風邪を目的とするわけではないからだ。「風邪薬」は「風邪（を治す）薬」の縮約形である。しかし、これも誰でも言われればすぐに気づくから、これでかまわない。

縮約形であることがわからなくなったまま定着している言葉もある。「堂に入《い》る」だ。
●新人なのに堂に入った演奏ぶりだ。
名人級の技術と味わいを見せた新人の演奏会をほめる時などによく使われる。これは本来「堂に昇《のぼ》り室に入る」の縮約形なのである。

出典は『論語』。孔子の弟子の琴の腕前を師が評した言葉だ。弟子の子路《しろ》の琴の弾き方は繊細さに欠け、あまりうまくない。しかし、最低限の奏法は身につけている。譬《たと》えてみれば、子路の琴は、堂に昇ってはいる（御屋敷には上っている）、けれど、室に入ってはいない（奥の間に入ってはいない）。孔子はそう評した。

御屋敷に上り奥の間に入るところまで行くと名人である。これを縮めたのが「堂に入る」である。しかし、これも「堂」なら「昇る」しかないし、「入る」なら「室」しかない。それを「堂に入る」と縮めていいのなら、「汚名を雪《すす》いで名誉を挽回する」を「汚名を挽回する」と縮めるのも、そう咎《とが》めることもできないではないか。

意訳でも直訳でも悪訳

日本は、幸か不幸か文明の中心になったことがない。そのため、千六百年前の漢字伝来の頃から今に至るまで翻訳大国である。もっとも、漢字に関しては、これをそのまま日本語化して読む漢文訓読《くんどく》が発達したので、現代人の考える翻訳とは少しちがう。明治以後の欧米文献に関しては、我々のよく知る通り、翻訳大国である。

翻訳で問題になるのは、直訳と意訳である。直訳は、正確といえば正確かもしれないが、読みにくい。意訳は逆に、読みやすいけれど誤訳になりかねないおそれがある。

二〇〇〇年、産経新聞に「スターリン秘録」が連載された。自分の意に沿わない政敵を次々に消し去り、果ては身内さえ謀殺した独裁者スターリンの姿には、慄然《りつぜん》とさせられる。二十二歳歳下の二度目の妻ナージャも、疑惑に満ちた自殺死体で発見されている。

公式発表に言う自殺の前夜、共産党幹部たちの晩餐会で、スターリンとナージャとの間に、こんないさかいがあったという。

「スターリンは真向かいにいたナージャに『おい、お前も飲めよ』と声をかけた。『おい』と呼ばれたナージャは『私はあなたの〝おい〟じゃないわ』と言い返すなり、憤然として席を立ち、部屋を飛び出していった」（産経新聞00・12・13）

いかにもリアルな情景描写だけれど、これは本当だろうか。この会話は少々不自然である。夫が妻に「おい」と呼びかけると、妻が「私はあなたの〝おい〟じゃないわ」と答えるのは、日本語としてはおかしくない。自分は妻であって甥《おい》ではない、という類型的な喧《けん》嘩《か》口上に、妻の夫に対する不信がよく表れている。

しかし、ロシヤ語でこんな風に言うだろうか。ロシヤ語の「おい」は「エイ」、英語になおせば「ヘイHey」である。スターリンがナージャに「ヘイ、お前も飲めよ」と呼びかけると、ナージャが「私はあなたのヘイじゃないわ」。これでは意味が通じない。

おそらく、この場面、かなり脚色のある過剰な意訳だろう。意訳をすれば読みやすくなるとはいうものの、おのずと限度がある。

反対に、直訳したために不正確な文章になってしまうこともある。といっても、生硬な翻訳調の文章のことではない。あることを日本語では普通どう言うかを知らないが故の直訳のことである。

精神科医で社会評論も手がける野田正彰に、混乱が続くロシヤ社会のルポルタージュがある。『聖ロシアの惑乱』（小学館）である。昨今ロシヤでは新興宗教が流行しているが、野田はこう書く。

「アメリカからも『ボストン・キリスト協会』、『エゴワの目撃者』、『サイエントロジー』などが入ってきた」

「『エゴワの目撃者』など取材を拒否された教団、〔反対に〕信者との面接を許された教団もある」

「エゴワの目撃者」では日本人にはわからない。我々は普通これを「エホバの証人」として知っている。ロシヤ語では、「エホバ」は「エゴワ」である。「目撃者」と「証人」は、英語の witness がそうであるように、ロシヤ語でも同じ単語である。恐らくロシヤ人の通訳が直訳で野田正彰に話したのだろうが、野田も編集者もこれがエホバの証人のことだと気がつかなかったのだろうか。

わかりにくい直訳が定着してしまっている例もある。

テロなどにしばしば使用される凶器にプラスチック爆弾がある。兵器に詳しくない人は、この言葉からプラスチックの器具を思い浮かべ、半透明の合成樹脂のような爆弾だと考えてしまう。しかし、これに使われるプラスチック火薬は粘土状の火薬である。だからこそ、扉の隙間や自動車のエンジンルームの中に仕掛けやすいのだ。

この火薬は粘土のように可塑的《かそ》plasticである。漆喰《しっくい》や軟骨をplasterというが、その性質が可塑的（プラスチック）なのだ。合成樹脂製品ももちろん可塑的な素材で出来ているからプラスチックである。しかし、日本語では「プラスチック」といえば合成樹脂製品のことを思い浮かべてしまうのだ。この火薬は「可塑性火薬」と訳した方がわかりやすかったのである。

秋の美、牝の美

八木重吉《やぎじゅうきち》という詩人がいる。一九二七（昭和二）年に二十九歳の若さで病没した。生前は無名だったが、死後評価されるようになり、今も熱心な読者に支持されている。英語の教員をしながら作った三千篇ほどの詩はいずれも短いものだが、キリスト教の真摯《しんし》な信仰に裏打ちされ、純粋で卒直で暖かく、信徒ではない読者の心にもしみ込んでくるようだ。詩集もいくつか出ている。

私は、学生時代、何かの雑誌で八木重吉の詩を読み、その温順な誠実さが印象に残った。ところが、八木重吉は一篇だけ異様に官能的な詩を書いている。込み上げてくる激情が生々しく脈打つような詩である。その詩を、私は、一九八二年十月二十六日の朝日新聞夕刊の宗教欄で知った。

『素朴な琴』

この明るさの中へ
ひとつの素朴な琴をおけば
牝《めす》の美しさに堪《た》へかねて
琴はしづかに鳴りいだすだらう

濃厚な香りを放つ南国の花のように、妖艶で肉感的な詩だ。たった四行で、これだけの表現ができるのも、八木重吉ならではだろう。他には淳朴《じゅんぼく》な詩ばかり書いているからこそ、かえって激しい心の動きが際立ってくるのかもしれない。

この「素朴な琴」を紹介しているのは、詩人で作家でもある栗田勇である。栗田は、こう書いている。

「人生は出会いだという。なにも人に会うだけが出会いではない。胸のそこの底に、重しをつけた細い糸をそっと垂らしてゆくと、ある日、かちりと、たしかな手応《てごた》えで心に響くものがある」

そうだ。私も全く偶然に、八木重吉のこんな詩に出会った。そして、八木自身、自分の胸の奥底に激しい欲望がたぎるのに出会ったのである。私は、八木重吉の詩を紹介したこの栗田勇の小エッセイを切り抜いて、机の前に貼った。

その一週間後の十一月二日、朝日新聞夕刊に訂正記事が出た。「十月二十六日付本欄『こころの書から』の『八木重吉全集』の文中に『牝《めす》の美しさに堪《た》へかねて』とあるのは『秋の美しさに堪へかねて』の誤りでした。訂正します」

ちょっとちょっと。そりゃ、ないでしょ。

「秋の美しさに堪へかねて」なら、誰がどう見ても八木重吉じゃないか。事実そうなのだから、それでいいんだけれど、私は、八木重吉とは思えない意外な官能美に驚嘆していたのだ。私の驚嘆は、どうしてくれるんだよ。

私は、机の前の切り抜きをはがし、訂正記事とともに、スクラップ帳に貼りつけた。

それにしても驚いた誤植である。今ならワープロを使う人が多いから、こんなまちがいも起きにくい。しかし、手書きだと「秋」を崩して書けば「牝」に見誤まられなくはない。ごていねいに「めす」とふり仮名までしてある。読んだ人は誰でも「牝」だと思い、八木重吉の熱烈なファンは冒瀆《ぼうとく》だと怒り、何篇か読んでいる程度の私のような読者は逆に驚嘆したのだ。

　この誤植は、どうやら、私以外の多くの人の脳裏にも刻み込まれたようだ。ただし、脳裏に刻み込んだだけで、スクラップブックに切り抜きを貼りつけるまでする人はほとんどいなかったらしい。

　それから六年たった一九八八年、私は本屋で塩田丸男のエッセイ集『天下のヤジウマ』（新潮社）を見つけ、手に取ってパラパラと読んでみた。立ち読みである。特に塩田に注目していたわけではないが、何か直感が働いたのか、あるいは栗田勇の言う「人生は出会い」なのか、とにかくページをめくった。

　すると、そこに「牝の美しさ」事件に触れた文章があるではないか。ところが、その文章は記憶に頼って書いているから不正確で、読売新聞の誤植だとしてある。こりゃ、一文を呈せねばならん、と、出版社経由で塩田丸男センセイへ手紙を出した。数日後、塩田センセイから葉書が来た。「いやぁ、まちがいがまちがいを呼ぶとは愉快愉快」といったようなことが書いてある。私も愉快になって、その葉書をスクラップブックの件《くだん》の記事の隣に貼りつけた。おそらく、この誤植は他にも記憶している人は多いのではなかろうか。

甲・2・丙・T

漢字の成り立ちの一つに象形がある。ものの形から作られた漢字だ。山、木、鳥、などがそうで、小学校の国語の授業でも習う。これは絵文字のようだから、子供にも親しみやすい。「丁《てい》」も象形である。この漢字は釘の形を表している。「釘」の中に丁が入っているのもそのためだ。

ところが、この「丁」は、形が単純で印象も強いからか、逆に、字の形がものの名を表すのに使われる。逆象形といったところだろうか。

料理に使ったり生薬《しょうやく》に利用したりする香料に丁子《ちょうじ》がある。インドネシアではたばこの香料にも使われる。これは丁字形の種子（正確には蕾《つぼみ》）だから「丁子」という。

他にも、道路の「丁字路《ていじろ》」は、丁の字の形だから丁字路である。

というと、おやっと思う読者がいるかもしれない。自分は今まで「T《ティー》字路」だと思っていたのだが、まちがっていたのか、と。そう、「T字路」ではなく「丁字路」が正しい。つまり、「丁字路」は純然たる日本語なのだ。

では、英語で丁字路のことを何と言うか。T字交差点 T-junction である。つまりT字路である。英語も日本語も同じで、結局、丁字路はT字路なのである。

さて、二〇〇三年三月十六日の朝日新聞に、作家の小関智弘が、自分の小学校時代の成績を回顧して、こんなことを書いている。

「わが家では、兄が小学校を全甲で卒業したのに、体がでかいばかりで、通信簿は乙（アヒル）の行列のわたしは〝ウドの大木〟と馬鹿にされて育った」

戦前の尋常小学校では、成績は、甲・乙・丙で表した。小関の兄は秀才だったから全甲であった。今ならオール5といったところである。しかし、凡才である小関は乙ばかりだった、というのだ。

謙遜《けんそん》の気持ちを込めてユーモラスに書いたものだろう。「乙」の字をアヒルに見立てたことからも、それがわかる。

しかし、「乙」をアヒルに見立て、成績の芳《かんば》しくない劣等生を「アヒルの行列」と呼ぶのは、当時一般的に行なわれた言い方である。いや、当時だけではない。私の小学生時代である昭和三十年前後も、「アヒルの行列」という言い方はよく耳にした。ひょっとすると、今の子供たちもそう言っているかもしれない。

ただし、戦後のアヒルは「乙」ではない。「2」である。5から1までの五段階評価の下から二番目だ。「中の下」といったところで、あまり感心できる成績ではない。要するに戦前の乙である。それが、字形の上でも「乙」と「2」で似ており、同じようにアヒルと称されるところが面白い。期せずして、戦前の通信簿と戦後の通知表が連続性を保ったのだ。

もっとも、「2」は「乙」に較べると、首が柔らかい曲線を描いているから、アヒルというより白鳥に見えなくもない。2である君は醜《みにく》いアヒルではなく本当は美しい白鳥なんだよ、という戦後教育のお伽話《とぎばなし》を象徴しているようにも思える。

それは冗談だが、「乙」はアヒルではなく、本当は燕《つばめ》なのである。大きい漢和辞典を見てみると、乙は燕の異称と出ている。「乙鳥」という。これは「おっちょう」ではなく「いっちょう」と読むのが正しいらしい。

さて、戦前の学校の成績の評価がそうであったように、かつては、甲《こう》・乙《おつ》・丙《へい》は、広くものごとの等級に使われた。今なら、一・二・三とか、A・B・Cだろう。当然、甲が一やAに相当する。

ここ何十年ほどだろうか、焼酎が人気である。特に、九州の地酒の本格焼酎がよく飲まれるようになった。焼酎には、これとは別に、梅酒を漬ける時に使うホワイト・リカーがある。こちらは大量生産品である。しかし、酒税法上は、ホワイト・リカーが甲類焼酎、本格焼酎が乙類焼酎に分類される。本格焼酎のメーカーからは、なんでうちが乙なんだよと、不満が出ていたらしいが、人気上昇とともにそれも沈静したようだ。

戦前の徴兵検査は、甲・乙・丙・丁であった。甲種は身体強健なる者、乙種はこれに準ずる者で、ともに現役兵となる。丙種は平時は兵役がなかった。丁種は、心身に異常があり、兵役に適さないと判定された者である。さらにその下に、戊種《ぼしゅ》があり、「判定しがたい者」が該当する。統計によると千人に一人ほどが戊種だったという。

「食う」と「食べる」

過剰な敬語が不快だという人がいる。私もそうだ。一般に敬語と思われているもののうちには、丁寧語（「僕だ」→「私です」）や謙譲語（「もらう」→「いただく」）も含まれているので、ここではそれらもひっくるめて広義の敬語として考えよう。よく問題になるのは、「〜させていただきます」のたぐいである。

確かに、わざとらしくて鬱陶《うっとう》しい。しかし、私はこれにはさほど腹は立たない。学生アルバイトの店員などが「〜させていただきます」などと、慣れない口調で言うのを聞いたりすると、むしろいじらしく思えてしまう。

私が嫌う過剰な敬語は、ブリッコによるものだ。前にも書いた、何にでもやたらと「お」をつけたがるのも、その一つである。自分を「お上品」に見せたいのだろう。いつぞや、さるやんごとなき方が、自分の半生に「おてん」はないとおっしゃるのをニュースで聞いたことがある。そりゃ「汚点」はないだろうと思っていたら、そうではなかった。つけるべき評価点はない、一生懸命生きてきたから、という意味であった。「点」なら「てん」と言えよ、と思ったが、まあ、これはシモジモとはちがうのだから、しかたがないだろう。

他にも、嫌いな言葉がある。二〇〇三年十一月二日付の朝日新聞「けさの鳥」欄は、文鳥を取り上げ、こんなことを書いている。

「原産地では大群でイネを食べ荒らすこともある」

日本では愛玩鳥として可愛がられている文鳥だが、原産地のインドネシアでは稲の食害の原因となっているというのだ。生物学的な話はともかくとして、「食べあらす」というのはおかしくないか。ここは「食いあらす」だろう。

幼稚園に通う近所の子供が泣きながらこんなことを言うのを聞いたこともある。

「どこかの犬が入ってきて、うさぎさんを食べちゃったの」

幼稚園に迷い込んだ野犬が、うさぎを「食い殺した」のだろう。これも「食べる」は変だ。「食べる」は「食う」の丁寧語である。語原は「給《た》ぶ」で、現代語なら「給《たま》わる」

だ。食物を給わって食する、という意味だ。「食う」という生理的・本能的な行動を表す言葉を避けて、「給ぶ」とした。室町時代の宮中に仕える女房（女官）たちが使い始めた言葉で、「女房詞《ことば》」と呼ばれる。いつの時代も、ブリッコの始まりはこの種の女たちからである。ちなみに言うと、江戸時代までは「食べる」は飲物を飲む場合にも使われた。狂言などに「酒を食《た》うべる」などと出てくる。

さて、こうした丁寧語は、その表している物事や行為、また当事者への敬意が込められている。稲を食いあらす文鳥やうさぎを食い殺す野犬に敬意を込めてもしかたがない。そもそも鳥や獣に敬語を使うことがおかしいのである。

「食う」は「食う」でいい。敬意を表して丁寧に言いたい時だけ「食べる」と言えばいい。この二本立てが正しく美しい日本語である。

例えば、次の文章の「食う」を「食べる」に改めてしまったら、明らかにおかしい。

●飲まず食わずで一日をすごした。（×飲まず食べずで一日をすごした）
●食うや食わずの生活である。（×食べるや食べずの生活である）
●これはいっぱい食ったな。（×これはいっぱい食べたな）
●私だけが割りを食った。（×私だけが割りを食べた）

●水槽の中で蟹が共食いをした。（×水槽の中で蟹《かに》が共食べをした）
最近では「食べず嫌い」という表現も聞くようになったが、これも「食わず嫌い」と言うべきである。

「食べる」が広がるにつれ、「食べる」でも丁寧さが足りないと思うのか、「いただく」を使う人も出てきた。特にグルメ雑誌などでは「いただく」が横行している。これも語原的には「給ぶ」と同じ「もらう」という意味である。しかし、そうバカ丁寧に言わなくとも、「食う」か「食べる」で十分であろう。もっとも、食事を始める時の「いただきます」だけは、「食べます」「食います」ではおかしいのは言うまでもない。

恋愛で満腹?

対人関係を良好にするための儀礼的な言葉がある。代表的なものが「あいさつ」だ。朝会ったら「お早よう」、初対面の人には「初めまして」、別れる時には「さようなら」、といったもので、誰でも普通に口にしている。

これらは定型化した言葉なので、本来の意味から少しずれて使われることもある。「お早よう」は、本来の形は「お早くございます」だから、起床や仕事開始がこんなに早くて勤勉ですね、という意味である。しかし、現代では、午前十時頃までは人に会えば「お早よう」とあいさつをする。単に「(あまり遅くない)午前中の儀礼言葉」という定型表現になっているのだ。昼のあいさつは「今日は」である。これは本来「今日はよい日(天気)でございます」だけれど、雨の日でも嵐の日でも「今日は」で通ってしまう。

そもそも、この「あいさつ」という言葉が本来の意味からずれている。「あいさつ」は漢字で書けば「挨拶」である。「挨」は「押す」、「拶」は「迫《せま》る」、「挨拶」は、本来、大勢の人が押し合っていることだと、大型の漢和辞典に出ている。

それが対人儀礼の意味になったのは、禅宗の問答で相手に迫るという意味に使われるようになってからである。悟《さと》りをうながすべく相手に迫ることやその言葉が「挨拶」。ここから、相手の心に響く簡潔な儀礼上の言葉を「挨拶」と言うようになった。この意味で「挨拶」という漢語を使うのは日本だけであると、これも大型の漢和辞典に出ている。

食事の後の「ごちそうさま」も一種のあいさつだ。また、「ごちそうになります」などとも言う。ここから、豪華な食事のことを「ごちそう」と言うようになった。「ごちそう」は「馳走」に敬意の接頭語「御」がついたものだ。「馳走」は、「馳せる」「走る」だから、駆け回ることである。人をもてなすために食事の準備で駆け回ることが「馳走」、それに感謝して「御馳走さま」とあいさつをするわけだ。

ところで、この「ごちそうさま」にはもう一つ別の意味がある。夫婦や恋人同士の仲の良いところを見せつけられた時に、からかいの気持ちを込めて「ごちそうさま」と言う。

これはどういう意味だろうか。男女の仲がいいのが、なぜ「ごちそうさま」になるのだろうか。

　この理由が書いてある国語辞典を見たことがない。ただ、小学館の『日本国語大辞典』では、用例から理由が推察できる。ここには、谷崎潤一郎『蓼喰《たでく》う虫』の次のような一節が引用されている（現代仮名遣いに改めた）。

「『だがほんとうに惚《ほ》れ合った仲なら、大蒜《にんにく》の匂いぐらい何でもない筈《はず》だがな。それでなけりゃあうそですよ』

『御馳走様。何を奢《おご》って下さるの？』」

　にんにくの匂いの強い支那料理を好む秀夫とその縁者である美佐子との会話である。秀夫は、自分に惚れてくれた女はにんにくの匂いなんて気にもしなかったよ、と言う。それを聞いた美佐子が「御馳走様」と言い、「何を奢って下さるの？」と続ける。つまり、男女の仲の良いところを見せつけたら、一種の罰として食事をおごらなければならない風習があったのだ。そのお礼を前もって言うのが、「ごちそうさま」なのである。原文では、続けて秀夫が「そう先廻りをされちゃあ困る」と美佐子を制している。

　人前で恋愛感情を表すことが珍しくなくなった現代では、この「ごちそうさま」の背景がわからなくなり、わからなくなったまま、それでも時々「ごちそうさま」だけは使われ、ますます意味不明な定型的表現となってしまった。

この「ごちそうさま」と類似の用法が「お安くない」である。いかにも恋人同士という男女が歩いていると、少し不良っぽい連中が「よーッ、熱いね」「お安くないぞ」と囃《はや》し立てるシーンが、少し前の小説や映画にはよくあった。

この「お安くない」は、どの国語辞典にも、恋愛中の男女をからかう言葉とあるだけで、その理由も用例も載せていない。しかし、「ごちそうさま」がわかれば、これもわかる。おごらせる食事が安くてはすまないぞ、という意味なのである。


【補論】

歯医者の待合室で女性週刊誌をめくっていて、こんな記述に気づいた。記事は、新婚早々の芸能人宅訪問記。帰り際に記者は「ごちそうさまでした」とあいさつしている。しかし、取材中「ごちそう」らしきもので歓待されたという話は出てこない。記者は惚気話《のろけ》を聞くとそのお礼に「ごちそうさまでした」と答えるのが正しい礼儀作法だと思っているのだ。この雑誌の編集長は記者の教育がなっていないね。そういう時は「御愁傷《しゅうしょう》さまでした」と言うんだぞと、正しく教えてやらなければいけない。

デベソの秘密

前回は、もとの意味が忘れられかけているあいさつ言葉について書いた。今回は、相手を罵《ののし》る定型的な言葉で、もとの意味が全くわからなくなった言葉の話である。

お前の母ちゃん、デベソ。

子供の頃、誰でも一度や二度は口にしたことのある罵り言葉だ。最近の子供たちの間《あいだ》では、こうした昔からある口合戦《くちがっせん》の言葉も消えつつあるけれど、それでもたまに耳にすることがある。そんな時、微笑《ほほえ》ましく懐かしい思いがする。

しかし、よく考えてみると、この言葉は変だ。相手を罵る時、その肉体的欠陥を指摘して囃《はや》し立てるのは子供ならよくやることであって、わからないではない。しかし、たかがデベソである。もっと重大な欠陥をあげつらうならともかく、デベソをあげつらうことにそれほど大きな意味があるのだろうか。定型的な罵り言葉になるほどデベソは重要なのだろうか。

いや、だからこそ、子供らしく罪のない罵り言葉なのだ、と思う人もいるだろう。だが、疑問はまだ続く。この言葉は、当の相手がデベソだというのではなく、その母親がデベソだと言って罵っている。しかも、父親や姉というバリエーションはなく、必ず母親である。相手の母親がデベソであると指摘することが、一体どうして相手に打撃を与えることになるのだろうか。

これには次のような理由があると私は推測している。

まず、へそが実はへそではないのではないか。

へそは、胎内で栄養を摂《と》っていた痕跡で、誰でも腹部にある。役目を終えた栄養吸収器官とでも言えよう。しかし、へそは性器を象徴したり、遠まわしに表現する代用語として使われる。博物学者の南方熊楠《みなかたくまぐす》は、『臍《へそ》くらべ』という小文で、へそが女性器の異称として洋の東西を問わず使われたことを考証している。今でも、「へその下」という言い方で性器を暗示することがあるのは、その名残にちがいない。性器のうちでも特に女性器のほうを意味するのは、その形によるものだろう。

これも最近ではあまり聞かなくなったけれど、あいづちの「なるほど」をふざけて「なるへそ」と言うことがある。「なるほど」をふざけて言うとどうして「なるへそ」になるのか。「へそ」は古くは「ほぞ」とも言ったから、「なるほど」を「なるほぞ」とし、さらに「なるへそ」としたのだろう。しかし、これも「ほと（女陰）」と「へそ」を通用させているのではないか。

雷様がへそを取るという俗信も、何か性的な習俗が反映しているのではないかと思える。ただし、これはよく調べてないので断定はできない。

さて、以上で、へそが女性器を意味していることはわかった。「お前の母ちゃん、デベソ」は、「お前の母ちゃんの性器は大きい」というような意味になるだろう。しかし、ここでも疑問は残る。当の相手ではなく、その母親の性器が大きかろうと小さかろうと、それがどうだというのだ。それを指摘するとどうして相手より優位に立てるのだろうか。

ここで外国の風習に目を転じてみよう。

朝鮮や支那では、きわめて汚い罵り言葉として、お前の母親を犯してやる、と言う。これもわかるようでわかりにくい表現だ。お前の恋人やお前の女房というのなら、脅《おど》しとしてわからないでもない。しかし、ババアを犯して何が得意なんだろう。と思うのは、現代の日本人の感覚で、これは性欲の問題ではなく社会的序列の問題なのである。

母親と性交できる位置にあるのは父親である。その父親の地位を奪い、俺がお前の父親の立場になるぞ、お前は俺の子分（文字通りの子の分）だぞ、という意味なのだ。

ここまで考えると、「お前の母ちゃん、デベソ」の意味もやっとわかる。お前の母親の性器が大きいことを俺は知っている、お前の母親は俺の女だからだ。従って、お前は俺の子分なんだぞ、という威嚇《いかく》なのである。

似たような罵り言葉は、東洋以外にもある。『世界のことば小事典』（大修館書店）のセルビア語の項に、「悪口の定番」として「ピーチクー、マーテリヌー」が挙げられ、「原義は『母ちゃんの××』です」とある。これが「悪口の定番」というのにも驚かされるが、洋の東西を問わぬ類似表現にはもっと驚かされる。子供の口合戦の裏にある原義にはもっともっと驚かされる。

【補論】

先年亡くなったロシヤ語通訳の米原万里の『不実な美女か貞淑な醜女《ブス》か』（新潮文庫）の「罵り言葉考」に、同旨の記述を見つけた。誰も同じような関心を持つようだ。

言葉の歴史の偽造

権力者によって歴史の偽造が行なわれることがある。北朝鮮の金正日の伝記だの、戦前の日本で強調された皇統連綿だの、こうした独裁体制下で歴史の偽造が横行する。

ところが、独裁体制下ではない現代の日本で、必ずしも権力者とは言えない人によって歴史の偽造が行なわれている。言葉の偽造だ。たかが言葉の偽造だけれど、これによって歴史の真実がわからなくなる。

この偽造には、二種類のものがある。一つは、無知な善意によるもの。もう一つは、イデオロギー的な善意によるもの。ともに偽造者が善意であるだけよけいにたちが悪い。

まず、無知な善意による歴史の偽造。

岩波文庫に『戊辰《ぼしん》物語』が収められている。東京日日新聞（現在の毎日新聞）社会部が昭和の初め同紙に連載した幕末維新期の逸話集である。貴重な史料であるとともに興味深い読物でもある。

十手《じって》持ちである与力、同心たちが気概を失《な》くし、見かけや型ばかりを気にするようになった姿はこんな風に記されている。

「十手ふりの稽古をしてはみんな集まって斜めに構えた十手の房が顔の前でぱっと開くことの競技会じみた真似などをやっていた」

十手の素振《すぶ》りの稽古はいいが、見映えのよさの競技会に堕《だ》していた、というわけだ。ところで、なぜ十手を「斜めに構え」るのだろう。十手は、鉤手《かぎて》のついた長さ五十センチ弱の鉄の棒で、現在の警察官の使う警棒と同じ役を果たす。乱暴者の短刀などを防ぐために使われるのは、時代劇でもよく見るところだ。これを「斜めに構え」たのでは、正面はがら空きではないか。

正しくは「斜《しゃ》に構えた十手」である。

現在「斜に構える」は意味がずれ、まともに相手にせず、はぐらかすことの意味にも使われるが、本来はそうではない。刀を正眼《せいがん》に構え、相手に対して十分な警戒、威嚇の姿勢をとること、すなわち「身構える」ことである。

岩波文庫版『戊辰物語』は一九八三年刊行だ（手もとにあるのは一九八七年の第八刷）。しかし、新人物往来社版の『戊辰物語』（一九七〇年初版）には、ちゃんと「斜に構えた」と出ている。岩波文庫に収録する際、言葉の変化に無知な編集者が、現代語のつもりで、「斜に構えた」では意味が通じないから「斜めに構えた」であろうと勘ちがいし、善意で「斜《しゃ》」を「斜め」に変えたのだろう。

編集者や校閲者の国語力が落ちているといわれるが、ここにもそれが現れている。

イデオロギー的な善意による歴史の偽造には、こういう例がある。

佐藤紅緑《こうろく》の熱血立志少年小説『ああ玉林に花うけて』は、現在、三一書房の少年小説大系ぐらいでしか読めない。これは、尾崎秀樹《ほつき》、小田切進、紀田順一郎といった一流の文芸評論家が監修者となり、漢字や仮名づかいを改めたほかは「原則として初出の雑誌掲載のものに準拠し」ているそうで、史料としての信頼性が高いはずだ。

しかし、次のような文章が頻出している。

「中国を見ても解る事だが、英国やアメリカや露西亜《ロシヤ》に尻を押されて南北互に戦争して居る」

「中国の時勢に鑑《かんが》みてお互に和睦した」

「お手伝いさんや乳母《うば》に抱かれて子守唄を聞きながら眠った」

「お手伝いさんが五人、書生が三人」

「学校の用務員は廃兵《はいへい》であった」

「農民もあれば商家の人もいる」

「其《そ》の他《た》の労働者、農民、人夫、馬夫」

これでさえほんの一例だ。どこが「初出の雑誌掲載のものに準拠」だろう。「中国」も「お手伝いさん」も「用務員」も「農民」も「労働者」も、それぞれ「支那」「女中」「小使い」「百姓」「工員」の、戦後作られた言い換え語である。

イデオロギー的な善意が歴史を偽造している恐ろしい例だ。

もっとも、同書には次のような誤記も多い。

「お父さん、僕は不幸者です、学校を退学されました」

「馬鹿野郎！　親不幸者！」

「君に不忠《ふちゅう》、親に不幸なるものは、他にどんな善い事をしても悪い人物です」

これはイデオロギーにさえ関係のない単なる無知によるものだ。どっちにしろ、こんな本が出ていることは文化にとっても歴史にとっても、不孝じゃなかった、不幸である。

文字読みやら無理読みやら

英語を習い始めた中学の頃、knife（ナイフ）や laugh（笑う）の読みや綴《つづ》りにとまどった経験は誰にもある。英語では、綴字《ていじ》と発音がかなりずれてしまっているからだ。それを知らずに、文字に引きずられてそのまま読むことを「文字読み」という。

アメリカ人と話していて、気づかないまま文字読みをして話が通じないことがあった。一度は、私の話が通じなかった。herb（薬草）と言っているのに、相手は首をかしげる。紙に綴りを書いて見せたら「オー、アーブ！」。ハーブではないと言う。英和辞典を示しても、相手はネイティブ・スピーカーだから当然ながら納得しない。どうやら、ここ何十年かで発音が変わったようだ。最近の辞書では発音をアーブとするものが多くなった。

もう一度は、相手の言っていることがわからなかった。しきりにピーナスと言うが、意味が通らない。「ピーナツ?」などと何度も聞き返した挙句、やはり綴りを書いてもらったら、penis。ペニスである。性表現の歴史の話をしていたのだから気づきそうなものだけれど、penisの文字読みが頭に染みついているからわからなかったのである。

綴字と発音の乖離《かいり》の他に地方の訛《なま》りも加わると、もっとわかりにくくなる。南部出身のブッシュ大統領の演説は訛りがあって記者泣かせだといわれている。

question（質問）を、私は中学生の頃は「クェスチョン」だと思っていたが、映画や音楽を聞くうち「クェション」だと思うようになった。しかし、アメリカ人に発音してもらうと、小さく「チ」が聞こえる。これは文字読みの方がむしろ本来の発音に近かったのである。

これにはsuggestion（提案）の影響もあるだろう。後半部分は同じ綴りでありながら「サジェション」と発音することが多く、外来の日本語としても「サジェション」として定着しつつある。

どうもこのあたりはむつかしい。

アメリカのハードボイルド小説に、「シン・シン刑務所」がよく登場する。ニューヨーク州にある刑務所だ。原語ではSing Singである。これを「シング・シング」と書くのが文字読みである。これより「シン・シン」の方が原音に近い。しかし、「キン・コン」は文字読みの「キング・コング　King Kong」が定着してしまった。

奴隷解放で有名なアメリカのLincoln大統領は、発音がよくわからない明治時代には、「リンコルン」と表記された。むろん、今では「リンカーン」である。

ドイツの大文学者Goetheは、「ゲーテ」が定着するまで、「ゴエテ」だの「ギョエテ」だの「ギヨツ」だの、それこそギョッとするようなおかしな文字読みがあった。

英語やドイツ語は、日本人になじみが深いから、まだいい。あまりなじみがない言語の場合、正しい発音（といっても、片仮名表記だから近似音だが）長く定着しなかった。

チェコの音楽家Dvořákは、現行の「ドボルザーク」が一番近い読み方だが、著名な音楽評論家吉田秀和は、若い頃に憶えた読み方でずっと「ドボルシャーク」と言っていた。

アフリカの言語だと、もっとおかしなことが起きる。一九六〇年代に活躍したガーナの大統領Nkrumahは、「エンクルマ」として知られるが、原音に一番近い発音は「クルマ」である。ただし、語頭に小さく「ン」が聞こえるらしい。こういう「ン」の使われ方は、アフリカのいくつかの言語に見られることだという。しかし、語頭に「ン」がつく語は、英語にも日本語にもない。語頭の「ンN」が「エン」と発音され、「エンクルマ」となったのだ。「中田」を「エンアカタ」と言うようなものである。

さて、歌手の草彅剛《くさなぎつよし》は朝鮮語を独学で修め、かなり流暢《りゅうちょう》に話す。そのため、韓国でも人気スターになっている。名前も、韓国では「チョナン・カン」で親しまれている。

この「チョナン・カン」は「草彅剛」を朝鮮語で読んだものだと思われているが、実はそうではない。「草」を「チョ」、「剛」を「カン」は、確かに朝鮮語読みだけれど、「彅」は「ナン」ではない。というより、これは日本で作られた漢字だから、「なぎ」という訓しかないのだ。本来、朝鮮語では読みようがないのである。

しかし、多くの場合音《おん》を表わす旁《つくり》をあえて読めば、「剪《せん》」は「チョン」である。そこで「彅」は「なぎ」と「チョン」を合わせて無理に「ナン」と読んだのだろう。これもまた一種の文字読みと言える。

【補論】

元版では question の発音表記が不正確であったため、何人もの読者から御指摘の手紙をいただいた。本章の当該箇所だけは大きく訂正加筆してある。

名前の不思議、不思議な名前

私は、テーマごとに新聞記事の断り抜き帳を作っている。そのうちの一つは、人名に関わるものだ。面白い名前を見つけると、その記事をスクラップ帳に保存している。

面白い名前といっても、いろいろなものがある。単純に珍しい名前、当人にはいささか失礼になるが、ちょっと笑ってしまう名前、それから、記事全体の中で別の意味を持ってしまう名前……。そのうちのいくつかを紹介してみよう。肩書や所属先の名前は、いずれも当時のままである。

外国人の名前、とりわけ日本人になじみの薄い国の人名には面白いものが多い。言うまでもなく、日本人が勝手にそう思っているだけなのだが。

一九九六年、女子マラソンのロバ選手がエチオピアから来日した時、異常なまでの人気となった。むろん、ロバという名前のためだが、当人はどう受け止めていただろうか。しかも続報があって、ロバさんのお母さんはオバさんだという。さらに続報があって、ロバさんの友人の選手にノグソさんまでいた（産経新聞一九九六年八月十七日付）。

英語圏でも、こんな例がある。

一九九七年、アメリカの空軍で女性パイロットの不倫スキャンダルが問題となった。彼女の名前は、フリン少尉（産経新聞一九九七年五月十七日付）。

ま、この名前じゃしようがない。と思うのは日本人だけで、フリン少尉当人にはわからない。しかし、日本人で名は体《たい》を表している人も多い。

登山家で、八千メートル級の山の六座を八回も征服した人がいる。日本人では唯一人の記録を持つのは、山田昇さん（朝日新聞一九八六年一月十一日付）。この名前が人生を決めたのだと思う。

農産物の遺伝子の研究をしている東大の飯《めし》哲夫助手（朝日新聞一九八六年八月十八日付）も、こりゃ、農産物の研究をするわな。

京都工芸繊維大学で織物史を研究する布目順郎名誉教授も、この名前に納得するほかない（私のミスにより掲載紙・掲載日不明）。

南極探検の犬ぞり用のカラフト犬、タロとジロを育てたのが犬飼哲夫氏だとは、新聞記事を読むまで知らなんだ（朝日新聞一九八九年八月一日付）。

静岡大学には、地層や化石を研究している土《つち》隆一教授がいる（朝日新聞一九八七年八月四日付）。これも名前通りの専攻である。

飛行場では、飛行機のエンジンが鳥を吸い込むトラブルが多いが、これについて研究しているのが、運輸省航空局管制保安部の鶴羽博美調査官である（産経新聞一九九七年十二月一日付）。

自民党代議士の自見《じみ》庄三郎議員、というのも出来すぎのようだが本当の話（朝日新聞一九八七年十二月二日付）。

ちょっと深刻というか、笑ってばかりもいられない例もある。

無意味な開発ということで現在も問題になっているのが、長良川河口堰《ぜき》である。鵜飼いで有名な長良川河口に堰を作り、上水や工業用水を取水する、という計画なのだが、実は現状ではむしろ水余りである。生態系への影響も大きく、この開発は無意味かつ有害であるという声が強い。開発に反対する住民運動も盛り上がっている。ところで、この運動を積極的に担っている住民の一人が開発美佐子さんである（朝日新聞二〇〇一年十一月七日付）。珍しい姓であるという以上に、運命の皮肉を感じる。

こんな記事もあった。

免田《めんだ》事件は、戦後有数の冤罪《えんざい》事件である。免田栄さんは、一九四八年に起きた強盗殺人事件の犯人として逮捕され、拷問《ごうもん》を含む苛酷《かこく》な取調べを受けた。裁判では無実を訴え続けたが認められず、死刑判決が下った。獄中から再審請求を出しては斥《しりぞ》けられ、それでも挫《くじけ》ることなく、ようやく六度目の請求で再審が認められた。そして、日本の裁判史上初めて、死刑囚から完全無罪の身となった。

この間《かん》、検察側の巻き返しも激しかった。弁護側からではなく、再審段階で検察側から新証人が現れた。事件後三十三年経って、免田さんが犯行後実家に立ち寄ったのを見た、という証人が名乗り出たというのである。その新証人の名前は、半仁田秋義という（朝日新聞一九八三年三月二十七日付）。「半仁田」とは変わった姓だが、何と読むのだろう。ひょっとして「はんにんだ」だったら、偶然なんだけれど、出来すぎではなかろうか。

この新証人登場にもかかわらず、免田さんが完全無罪になったことは前述の通り。権力の悪意と運命の不条理を撥《は》ねのける不屈の意志の勝利であった。

［た］

［な］

［は］

［ま］

［や］

［ら］

索　引

呉智英（くれ　ともふさ／ごちえい）

評論家。一九四六年生まれ。愛知県出身。早稲田大法学部卒業。評論の対象は、社会、文化、言葉、マンガなど。日本マンガ学会発足時から十四年間理事を務めた（そのうち会長を四期）。東京理科大学、愛知県立大学などで非常勤講師を務めた。『封建主義　その論理と情熱』『読書家の新技術』『大衆食堂の人々』『現代マンガの全体像』『マンガ狂につける薬』『危険な思想家』『犬儒派だもの』『現代人の論語』『吉本隆明という共同幻想』『つぎはぎ仏教入門』『真実の名古屋論』『日本衆愚社会』『バカに唾をかけろ』など著書多数。加藤博子との共著で『死と向き合う言葉』（小社刊）がある。「呉智英　言葉の診察室」シリーズ全四冊（①『言葉につける薬』、②『ロゴスの名はロゴス』、③『言葉の常備薬』、④『言葉の煎じ薬』）がベスト新書より増補新版で刊行。

ベスト新書
614

言葉《ことば》の常備薬《じょうびやく》 言葉《ことば》の診察室《しんさつしつ》③

二〇二四年四月三〇日　初版第一刷発行

著者◎呉《くれ》　智英《ともふさ》

発行者◎鈴木康成
発行所◎株式会社ベストセラーズ
東京都文京区音羽一-一五-一五
シティ音羽二階　〒112-0013
電話　03-6304-1832(編集)　03-6304-1603(営業)

装幀◎竹内雄二
校正◎皆川秀
印刷製本◎錦明印刷
DTP◎オノ・エーワン

ISBN978-4-584-12614-1 C0295
定価はカバーに表示してあります。
乱丁、落丁本がございましたら、お取替えいたします。